澎湖 內垵中屯 歷史考古研究成果報告

計畫主持人：黃光男

國立歷史博物館歷史考古小組

國 立 歷 史 博 物 館
中華民國九十二年八月

館　序

　　本館「歷史考古小組」（以下簡稱小組）自成立以來，即致力於臺灣及鄰近相關地區之歷史文化淵源脈絡之探討，爲獲致系統性架構之研究成果，逐年所研擬、策劃、執行之專案計畫，不僅強調時間序列－貫時限之歷史脈絡的建構，並且側重空間聯繫－同時限之文化互動的探究。因此，接續首年執行完成的「金門地區歷史考古研究計畫」之後，小組將研究觸角延伸至澎湖地區，踵繼進行「澎湖地區歷史考古研究計畫」，擬藉以探討澎湖地區早期漢人之生活樣貌與聚落形態之變遷及發展，期望能進一步釐清華南與臺灣之文化歷史互動的關係。

　　澎湖又名澎瀛或西瀛，據傳係因港小波濤澎湃，港內仍清澄如湖而得名，其地勢險要，爲漳泉門戶，扼臺澎之要衝。宋、元時代，泉州以其優良的天然港灣與悠久的貿易歷史，成爲東方大港，對於繁華的東方大港泉州而言，澎湖的確位踞優越的地理位置。在《福建防志》記載著「澎湖僻在興、泉外海，其地爲漳、泉南戶，日本、呂宋、東西洋諸國皆所必經。南有港門，直通西洋」，說明當時澎湖已然成爲福建泉州經濟的據點。此外，就地理位置而言，澎湖位居臺灣與大陸交通之樞紐，與緊鄰廈門的金門，同爲華南漢文化東傳臺灣之轉接站，且澎湖居民多來自金門。根據南宋趙汝适所撰的《諸蕃志》所記載，當時之澎湖已有相當眾數的漢民遷徙拓殖。

　　因此，針對本計畫研究主題，小組決定對澎湖地區具有重要歷史性指標意義之考古遺址進行發掘工作。經由文本的探索，選擇了內垵C遺址與中屯A遺址作爲本計畫進行考古試掘的地點；前者所在之西嶼（漁翁島）位居澎湖群島中較接近中國大陸之島嶼，爲宋元時期漢人在澎湖地區建立之最早的聚落遺址之一；後者曾出土貝塚與成套之日常生活用具，顯示宋、元時期漢人在澎湖之生活型態，乃宋、元時期漢人移墾澎湖的重要聚落遺址之一。

　　經由兩地之考古試掘顯示，內垵C遺址出土北宋仁宗年間之「天聖元寶」及「景祐元寶」，爲現今澎湖地區出土最早的銅錢。而於中屯A遺址出土的「花口矮圈足青瓷大碗」，推判是唐代浙江上林湖窯址燒製之產物，不僅與所測得之碳十四年代相符，更是澎湖地區首見的唐代遺物，就此一考古證據看來，澎湖地區的漢民拓殖史，似可由往昔學者主張之「唐

宋之間」往前推溯至「唐代中期」。此外，根據二地出土遺物之內涵包括大量貝類、魚類殘骨及獸類遺骨等情形，推論當時人類以漁撈爲主並兼營畜養的生業型態，印證了文本記錄。此一研究成果不僅爲小組的創獲，並爲日後相關研究工作另闢一條思維路徑。

　　本報告得以順利付梓，首先感謝陳瑪玲教授、陳維鈞教授不辭辛勞地費心指導；對於澎湖縣政府、白沙鄉公所、西嶼鄉公所等單位，在小組田野進行期間之全力奧援，本館深表感激。除此之外，本計畫研究成果倘能爲學術界略盡棉薄，則必須歸功於內垵村民、中屯村民的支持與協助。

國立歷史博物館館長

蕭志界 謹識

誌　　謝

　　本報告能夠順利完成而呈現於大家面前，除了得力於本館「歷史考古小組」同仁：蘇啓明、成耆仁、吳國淳、羅煥光、翟振孝及江桂珍等全心投入、戮力以赴之外，首先必須感謝小組顧問陳瑪玲教授、陳維鈞教授在計畫進行過程中及報告撰寫期間，不時地給予專業指導與知識啓迪，深化了本計畫的研究成果。此外，在研究助理黃程偉先生、李娜莉小姐的全力襄助下，本計畫方得以順利地運作。田野工作期間內垵村林繡蘭小姐、薛呂梅花小姐、林瓊美小姐、王瓊懿小姐，中屯村鄭祝福先生、鄭祝壽先生等人的配合與協助，我們由衷感激。而美國Beta Analytic Inc.協助進行微量碳的定年，國立臺灣大學地質學系陳文山教授協助陶質標本的切片分析，國立臺灣大學地質學系姜宏偉先生、何瑋剛先生費心於貝類標本的碳氧同位素分析，陳瑞鳳小姐幫忙標本的繪圖，黃雅琦小姐、許家榕小姐、陳明鈺小姐長期協助標本整理，都是我們要一一致謝的。除此之外，對於澎湖縣政府民政局胡流宗局長、歐陽鴻麟課長，農漁局許文東局長、林澤民副局長，文化局紀麗美課長、崔璐璐小姐，觀光局陳造明課長，澎湖水族館呂逸林先生，白沙鄉中屯村張肯和村長、葉慶宏村幹事、楊塗水先生，赤崁村黃明男村長，西嶼鄉內垵村前任洪中文村長、現任薛全成村長、何行勇村幹事等，於本計畫進行過程中的多方奧援、全力支助，謹致誠摯的謝忱。

目　　錄

IV

插圖目錄

表格目錄

圖版目錄

第一章　序論

一、計畫緣起

　　國立歷史博物館「歷史考古小組」（以下簡稱小組）自民國九十年成立以來，即著手探討臺灣及鄰近相關地區的歷史文化淵源脈絡，為獲致系統性架構之研究成果，小組逐年所研擬、策劃、執行之專案計畫，不僅強調時間序列－貫時限（diachronic）之歷史脈絡的建構，並且側重空間聯繫－同時限（synchronic）之文化互動的探究。因此，接續首年執行完成的「金門地區歷史考古研究計畫」之後，小組踵繼進行「澎湖地區歷史考古研究計畫」，將研究觸角延伸至澎湖地區。就地理位置而言，澎湖位居臺灣與大陸交通之樞紐，與緊鄰廈門的金門，同為華南漢文化東傳臺灣之轉接站，且澎湖居民多來自明代之際屬於泉州府的金門。因此，小組擬藉由「澎湖地區歷史考古研究計畫」來探討澎湖地區早期漢人之生活樣貌與聚落形態之變遷及發展，期望能進一步釐清華南與臺灣之歷史文化互動的關係。

　　本報告係根據小組於九十一年三月二日至二十一日，針對澎湖地區的中屯嶼及西嶼所進行的地表調查，以及五月四日至十二日、五月十八日至二十六日分別於西嶼的內垵C遺址與中屯嶼的中屯A遺址之考古發掘，所獲得之考古遺物，經由資料處理、分析與研究之成果所撰寫而成。有關本次考古工作所採集與發掘之瓷質遺物，係依小組成員成耆仁博士之鑑定進行分類與斷代。

二、研究主題

　　澎湖又名澎瀛或西瀛，為漳泉之門戶，扼臺澎之要衝，與金門同為華南漢文化東傳臺灣的中繼站，而《福建防志》更敘明了澎湖是泉州外海的門戶，對外貿易的交通孔道。根據南宋趙汝适所撰的《諸蕃志》所記載，當時之澎湖已有漢人遷徙拓殖。本小組繼「金門地區歷史考古研究計畫」後，擬對澎湖地區較具有重要歷史性指標意義（如：華南漢人最早入墾、文化遺存較豐富的聚落遺址等）之考古遺址進行發掘工作，除探究澎湖地區早期漢人之生活樣貌與聚落型態之發展與變遷外，並希冀能夠釐清

華南與臺灣歷史文化互動之關係。針對上述研究主題，以及文本的探索，在時間、經費、研究人力的配置等問題的考量下，本計畫決定只針對西嶼、中屯嶼全域考古遺址的分佈情形與保存狀況，進行全面系統性之調查。然後依照調查所得結果，分別於該二島選擇較為適當之地點做定點發掘，亦即西嶼的內垵C遺址與中屯A遺址。

內垵C遺址為宋元時期漢人在澎湖地區所建立之最早的聚落遺址之一，臧振華教授於1985年的試掘過程中，發現該遺址包括三個貝塚層：上兩層貝塚出土大量中國陶瓷片、鐵釘、磚瓦塊及貝殼、魚骨與獸骨（豬、牛、羊等）等遺物，臧教授認為這些遺物反映了定居之聚落型態；而底部之貝塚出土較粗質之陶瓶、陶網墜與貝殼，由這些遺物出現模式，顯示此一貝塚層可能是較短期或臨時性之營址遺存（臧振華，1989：100）。由於內垵C遺址所在之西嶼（漁翁島）位居澎湖群島中較接近中國大陸之島嶼，二地交通較易，若推想為漢人移民發跡較早之區域，當是可期。中屯A遺址曾出土貝塚與成套之日常生活用具（如：瓷碗、瓷碟、陶瓶、陶甕、陶罐、陶網墜、鐵質魚鈎及船釘等）（黃士強，1981：63），顯示宋、元時期漢人在澎湖之生活型態，因此，學者認為是宋、元時期漢人移墾澎湖的重要聚落遺址之一。該遺址雖經過黃士強教授之發掘（黃士強，1981）與陳信雄教授之採集（陳信雄，1994），可惜其研究結果均未見有詳細之分析與研究報告的發表。如上所述，本計畫擬藉由考古發掘方式有系統的採集考古遺物，再經由實驗室的分析研究，來探討澎湖地區早期漢人的拓殖生活樣貌、聚落型態變遷與發展之過程，以及華南與臺灣歷史文化互動之系絡。

三、研究方法

本次「澎湖地區歷史考古研究計畫」所採用的研究方法，結合歷史學文獻研閱與考古學田野調查與發掘。研閱歷史文獻旨在瞭解澎湖地區的時空脈絡，並掌握前人所完成之研究成果。田野地表調查之目的在於重新檢視澎湖之中屯嶼、西嶼境內考古遺址的分佈情形以及保存現況，而考古田野發掘則是針對地表調查的結果，挑選具有研究價值及發掘意義的遺址進行發掘。希望藉由歷史考古學的研究探討，更深入的了解早期漢人在澎湖地區的生活樣貌、聚落型態之發展變遷、以及華南與臺灣之歷史文化互

動等議題。

　　本次地表調查採用高密度系統性調查法（systematic intensive survey），調查範圍就行政區而言，包括澎湖西嶼鄉境內的橫礁、合界、竹灣、大池、二崁、池東、池西、赤馬、內垵及外垵等十個行政村及白沙鄉的中屯村。針對地表調查結果，本次的考古發掘，以西嶼鄉內垵村的內垵C遺址與白沙鄉中屯村的中屯A遺址為發掘地點，發掘工作以探坑發掘法進行。

第二章 研究區域背景

一、自然環境

　　澎湖群島位居臺灣海峽中央之樞紐，共有大小64個島嶼，以及難以計數的岩礁，總面積為126.8642平方公里。其中，有人居住的島嶼為21座；澎湖本島面積64.2388平方公里，為最大的島嶼。這些島嶼分佈在北緯23°09'40"至23°45'4"；東經119°18'03"至119°42'50"之間，南北長約60公里，東西寬約22公里（李紹章，2000）。群島的西方與大陸相距約140公里，東方則與臺灣本島相隔約45公里。

　　就地形景觀而言，澎湖群島的主要特徵：

　　方山地形：方山地形指的是頂面平坦而四周圍繞陡峭岩壁的山狀地形。澎湖各島的平均高度都介於海拔20公尺至50公尺，由遠方海上眺望，頂面十分平坦，宛如木盤傾覆。

　　海岸線複雜：澎湖群島海岸線長且蜿蜒複雜，總長度達320公里。半島形的凸出以及內灣形的凹入甚多，也因此港口數目亦多。此外，澎湖群島海岸具有寬闊的潮間帶，擁有豐富的海邊資源。

　　地勢南北傾斜：自南端大貓嶼最高點79公尺向北漸傾，至澎湖本島已降為48公尺、白沙島38公尺，至北方大嶢嶼已漸潛入水中（王鑫、馮志華，1996：34）。

　　澎湖群島中，除花嶼一島的基磐是屬於玢岩、石英斑岩之性質外，其餘各島都是由裂隙式火山噴發形成的玄武岩質熔岩與沉積岩夾層構成。據地質學家林朝棨教授推測，其大約形成於距今1600萬至800萬年前的第三紀（林朝棨，1957）。澎湖群島各島嶼的地貌以及各夾層沉積岩的沉積面十分平緩，因此可推斷各島嶼的平坦面應屬於真正的熔岩流台地面，而非由差異侵蝕所形成的侵蝕面（王鑫、馮志華，1996）。澎湖島上高溫、少雨，年均溫23.3°C（根據中央氣象局1950年－2002年之統計），年平均雨量僅有1,034公厘，集中於四月至九月間，佔全年雨量的百分之八十以上；其餘六個月期間，僅得200公厘左右（蔣祖武，1972：15）。又因為強烈的東北季風所致（每年十月到翌年三月為東北季風期），故其自然條件不利於動、植物成長。澎湖地區由於氣候乾燥，陸棲動物較臺灣本島為少，最具觀賞的動物景觀有天臺山上的牛群，此外，澎湖的鳥類有200多種，其

中以候鳥為多，主要分佈於各水庫、各灘地及無人島上。大小貓嶼上有眉鷗和玄鷗等棲息，被列為海鳥保護區。而由於缺水，澎湖地區所栽種之植物以仙人掌、天人菊為主；另為了荒地造林，澎湖地區大量的栽植了銀合歡，而此樹種在電力、液化瓦斯未普遍前，是十分重要的薪材來源，且其樹幹長粗後斜切，能造成致命的反空降武器；近年來，銀合歡因乾風及木蝨嚴重危害，樹幹被損，而形成白木景觀（洪國雄，1997）。

澎湖農業因受天候的影響，土地長期乾旱，土壤貧瘠，僅能種植耐旱作物；又因冬季東北季風強烈，風期又長，作物生長期只有半年，因此，旱作也只能採單季作，每年正月過後，就可播種花生、高粱、甘藷、玉米等，五月以後，高粱、黍、粟、花生等相繼收成，七月後，甘藷、落花生等短莖作物尚可生長採收，九月後東北季風吹起，無防風設備的農田面臨休耕，為防土力流失，農民多採用輪耕方式，第一年若種甘藷，第二年則高粱、落花生輪種，二年一輪，以維持土壤肥力，實為十足的「看天田」（洪國雄，1997）。

二、人文環境

澎湖群島最早出現在歷史文獻中應為隋書琉求國傳：「大業元年（596年）……帝遣武賁郎將陳稜，朝請大夫張鎮洲率兵至義安浮海擊之，至高華嶼，又東行二日至龜鼊嶼，又一日便至琉求。」二嶼在後世皆有人考據為澎湖列島中的花嶼及奎壁嶼，是否屬實？仍有待進一步的求證。

唐人施肩吾「題彭湖嶼」：「腥臊海邊多鬼市，島夷居處無鄉里；黑皮年少學採珠，手把生犀照鹽水。」對於此詩後人多有爭議。其所描述者為現今澎湖地區或鄱陽湖仍無定論。

北宋徽宗宣和二年（1120年）王象之輿地紀勝一書，曾引陸藻「修泉州城記」云「泉距京五時有四驛，連海外之國，三十有六島。」此三十有六島，學者一般認為係指澎湖。

南宋時，澎湖地區在文獻中才有較為可靠的信史資料；南宋樓鑰，《攻媿集》汪大猷行狀：「乾道七年（1171年）四月起，之泉洲……郡實瀕海，中有沙洲數萬畝，號平湖，忽為島夷號毗舍耶者奄至，盡刈所種；他日又登岸殺略，禽四百餘人，殲其渠魁，餘分配諸郡。初則每遇南風，遣戍為備，更迭勞擾，公即其地造屋二百餘間，遣將分屯，軍民以為便，

不敢犯境。」此說明當時的澎湖已有住民，且人數不在少數，因此才須派遣眾多士兵駐守。

到了元代，汪大淵所撰之《島夷志略》對於澎湖的具體情況有了較為深入的敘述：「島分三十有六，巨細相間，坡隴相望，乃有七澳居其間，各得其名。自泉洲順風二晝夜可至。有草無木，地瘠不宜禾稻，泉人結茅為屋居之。氣候常暖，風俗朴野，人多眉壽，男女穿長布衫，繫以土布。煮海為鹽，釀秫為酒，採魚、蝦、螺、蛤以佐食；熱牛糞以爨，魚膏為油。地產胡麻、綠豆，山羊之孳生，數萬為群，家以烙毛刻角為記，晝夜不收，多遂其生育。工商興販，以樂其利。地隸泉州晉江縣，…」，元世祖至元十八年（1281年）設巡檢司，以週歲額辦鹽課，中統錢鈔一十二錠二十五兩，別無科差。」此段敘述對於澎湖之地形、氣候、物產、貿易、賦稅等，皆有所描述，為明代以前對於澎湖著墨最力的紀錄。

明元太祖洪武二年（1369年），承襲元代之制，在澎湖設巡檢司。明神宗萬曆三十二年（1604年）荷蘭司令官韋麻郎率船二艘抵達澎湖，旋請人至明廷要求互市。同年，浯嶼都司沈有容奉總兵施德政之命，往諭韋麻郎等退出澎湖。明熹宗天啟二年（1622年）荷蘭司令官雷爾生奉巴達維亞總督之令，率艦隊攻擊佔領澳門的葡萄牙人，未果，進入澎湖媽宮港，並於風櫃尾築城。天啟四年（1624年），明廷命守備王夢熊等率船隊攻澎，令荷人退出澎湖，荷人拆毀在澎湖的一切設施，轉往臺灣。

清康熙二十三年（1684年），清廷收臺、澎入版圖，並在澎湖置巡檢司，隸臺灣府臺灣縣，率兵二千駐防。清光緒九年（1883年）中法越南事件起釁，法國有進攻臺澎之勢，臺防分為前、後、南、北、中五路，澎湖為前路，統軍三千名，由澎湖副將蘇吉良領之，並籌建西嶼、蛇頭二礮台，以資守禦。光緒十一年（1885年）二月，法國中將Coubert 孤拔率戰船四艘，佔領媽宮。同年四月，中法媾和，並在合約第九條規定，法軍由臺灣及澎湖群島撤退。光緒二十一年（1895年），中日甲午戰爭，清廷戰敗，簽訂馬關條約，日本正式接收臺灣及澎湖群島的主權。民國三十四年八月，第二次世界大戰日本為盟軍所敗，無條件投降，國民政府光復臺灣、澎湖群島。民國三十五年，澎湖正式設縣，成立澎湖縣政府。

澎湖地區歷經八百餘年經營整飭，保存了豐富的文化資產。依內政部「文化資產保存法」評定公告，澎湖地區共計有23處古蹟（表一）。澎湖縣縣轄行政區計有1市5鄉，包括：馬公市、湖西鄉、白沙鄉、西嶼鄉、

望安鄉、七美鄉；而市鄉之下共有97個村里。根據2001年底人口統計，全縣人口約計92,268人（澎湖縣政府，2001）。澎湖縣近年來除了1993年的人口有些微的增加外，其餘各年都是在減少，而又以1994年減少的最為明顯，各年的社會增加率均為負值，顯示人口正逐漸的向外縣市流動，近年來平均高達千分之十八，人口總數在1987年跌破十萬人，而1996年時，澎湖縣總人口數更一度不足九萬人。由澎湖縣統計要覽中的各年齡層人口數劃成的人口金字塔顯示，澎湖縣的幼年人口較少、死亡率偏高；澎湖縣壯年人口明顯較少，超過20至25歲之後的人口明顯的縮減，有工作能力男女出外謀生，說明澎湖縣人口外流問題嚴重。在以漁業為主要經濟型態的澎湖地區，與漁民生活空間最相關的場所，其一是以村廟為中心所形成的村落共同體；另一則是賴以維生的漁場空間。在漁村社會中，漁民藉由漁撈活動系統將這兩個場所結合成漁民日常生活的世界。以白沙鄉赤崁村為例，雖然政府因在特殊的社會歷史脈絡下，在每個村落皆設有社區委員會，然而，實際上村落空間內部的運作，主要是由村廟組織來執行，並與漁撈活動具有連結性。除此之外，白沙鄉吉貝村也設立有社區理事會，但是村內實際的運作仍是以村廟組織為主。由此可見漁村是以村廟為中心的村落共同體（澎湖縣政府，1996）。

　　綜上所述，有關澎湖在明代以前的歷史，單就文本而言；隋唐時代，澎湖是否已有漢人移居仍無法完全肯定。但南宋時，漢人移民澎湖的數量應有相當的規模，所以出現了軍隊駐守於澎湖之文獻記錄。此外，移民墾殖是一種長期性的文化互動歷程，故可以進一步推斷早在南宋以前，漢人應該已經陸續移入澎湖地區，至於可推溯到何時則無法在文獻上尋獲確切的答案，此時，就必須借助於研究物質遺存的考古學來解開疑惑。

表一：澎湖縣公告古蹟一覽表（引自內政部2001年）

	古蹟名稱	指定別	公告類別	位　　置	公告日期
1	澎湖天后宮	一級	祠廟	馬公市長安里正義街一九號	72.12.26.
2	西嶼西臺	一級	關塞	西嶼鄉外垵村二七八地號	72.12.28.
3	西嶼東臺	一級	關塞	西嶼鄉內垵段三七九之四地號	80.11.23.
4	媽宮古城	二級	城郭	澎湖縣馬公市1.順承門：復興里全龍路路2.大西門（中興門）：澎湖防衛司令部內	74.8.19.
5	西嶼燈塔	二級	燈塔	西嶼鄉外垵村一九五號	76.4.17.
6	蔡廷蘭進士第	三級	宅第	馬公市興仁里雙頭掛二九號	74.11.27.
7	文澳城隍廟	三級	祠廟	馬公市西文里二九號	74.11.27.
8	臺廈郊會館	三級	祠廟	馬公市重慶里中山路六巷九號	74.11.27.
9	施公祠及萬軍井	三級	祠廟	施公祠：馬公市中央里中央街一巷一〇號 萬軍井：馬公市中央里中央街一巷一一號旁	74.11.27.
10	馬公觀音亭	三級	祠廟	馬公市中興里介壽路七號	74.11.27.
11	四眼井	三級	古井	馬公市中央里中央街四〇號厝前	74.11.27.
12	媽宮城隍廟	三級	祠廟	馬公市重慶里二〇號	76.11.10.
13	澎湖二崁陳宅	三級	宅第	西嶼鄉二崁村六號	77.4.25.
14	第一賓館	縣定	其他	馬公市馬公段一九二六—六、一九三八地號	88.1.15.
15	乾益堂中藥行	縣定	其他	馬公市中央里中央街四二號	88.1.15.
16	高雄關稅局馬公支關	縣定	其他	馬公市臨海路三一號	89.1.28.
17	西嶼內塔塔公塔婆	縣定	其他	西嶼鄉內垵段一八四五地號	89.1.28.
18	鎖港南北石塔	縣定	其他	南塔：馬公市鎖港段九七一一〇地號 北塔：馬公市海堤段九五七地號	89.1.28.
19	林投日軍上陸紀念碑	縣定	碣碑	湖西鄉林投段一六一一一四九地號	89.1.28.
20	龍門裡正角日軍上陸紀念碑	縣定	碣碑	湖西鄉良文港段六一九一一、六二三一一地號	89.1.28.
21	馬公金龜頭砲臺	縣定	關塞	馬公市馬公段二六六四、二六六四—三地號	89.1.28.
22	湖西拱北砲臺	縣定	關塞	湖西鄉大城北段一〇七一、一〇七一一二、一〇七一一四地號	89.1.28.
23	馬公風櫃尾荷蘭城堡	縣定	城郭	馬公市風櫃尾段一一二八地號	89.1.28.

第三章 澎湖地區考古學研究之發展史

　　澎湖地區的先民研究最早可追溯至19世紀末，1883年鳥居龍藏在《東洋學藝雜誌》中首次提到澎湖島的先民（鳥居龍藏，1883；國分直一，1981：166），開始引起注目。1907年，小西成章在澎湖作調查，首次在青螺鄉[1]發現三件打製石斧（國分直一，1981：166）而開啟澎湖的考古學研究。同年，伊能嘉矩報導小西成章所發現的石斧，認為是屬於舊石器時代之遺物（伊能嘉矩，1907）。其後，一些學者赴澎湖地區調查史前遺址分佈情形。例如，1915年山田金治亦赴澎湖做調查，在良文港發現幾件打製石器，根據器物特徵來討論其來源問題等（國分直一，1981：167）；而1940年國分直一也到良文港做調查，並發現具有繩紋陶、貝塚的遺址（國分直一，1981：169）。

　　1952至1953年間，國立臺灣大學地質系林朝棨教授在調查澎湖地質時，紀錄了在白沙、西嶼、吉貝、中屯諸島發現史前遺址和歷史時代遺址多處。他同時也於貝塚中發現中國陶器、古錢等遺物，而此時發現的歷史時期[2]貝塚被認為是屬於宋代（林朝棨，1966）。

　　1965年，國立臺灣大學考古人類學系宋文薰教授曾數次帶領學生到澎湖進行短期調查，發現八處史前時代遺址，宋文薰教授將這些遺址歸為同一個文化傳統，稱作「繩紋紅陶文化」，推測此文化在宋代漢人移入澎湖之前長期佔據該地；並認為該文化的早期文化相與臺灣本島南部史前文化—鳳鼻頭粗繩紋陶文化—有密切相關（宋文薰，1965：152），宋教授因而將澎湖考古文化區分為：史前的「繩紋紅陶文化」與歷史時期的「南宋漢文化」，此為澎湖地區第一個考古文化劃分法。稍晚，黃士強教授帶領學生至澎湖做短期調查及試掘，他在1979年中屯A遺址[3]進行的試掘中，發現二層文化層，上文化層屬於歷史時代，下文化層則屬於新石器時代。而根據出土遺物的分析，進一步推判上層歷史文化層屬宋、元時代，下層新石器時代文化層之年代約在距今三、四千年，其文化內涵與臺灣本島南

1.伊能嘉矩描述石斧的發現地點為虎頭山西北麓海岸處(伊能嘉矩 1907)，是良文港一帶。
2.在此所謂歷史時代遺址，是指澎湖見於史籍，並有漢人拓殖時期的遺址(黃士強 1981：63)。
3.發掘地點位於永安橋南約100公尺處203號縣道東側。

部的牛稠子文化有關，並根據歷史時期遺址中發現之陶、瓷器的特徵判斷，它們大都屬於貿易瓷，因此，認為澎湖為宋、明時代泉州外海之門戶，對外貿易之中途站（黃士強，1979、1981：64）。惟此認為澎湖陶瓷屬貿易瓷的說法，後來為臧振華先生所質疑（臧振華，1989：109）。

1980年出版的《全省重要史蹟勘查與整修建議》中澎湖地區一共記載了9處史前、歷史時期的考古遺址。其中，歷史時期遺址包括姑婆、中屯、通梁、安宅等（黃士強、劉益昌，1980）。

1980年黃士強教授於澎湖地區進行考古調查結果，認為澎湖地區的歷史時期遺址計有姑婆、後寮、中屯A、中屯B、通梁A、安宅、布袋港等7處；其並在中屯A遺址進行試掘，發現上層歷史時期的文化層和下層新石器時代文化層（黃士強，1981：63）。

1983年至1985年間，中央研究院史語所臧振華先生，在行政院國家科學委員會的支助下，在澎湖群島進行考古學研究。他在32個澎湖島嶼中，發現91處考古遺址 [4]，當時曾經陸續發表短篇研究成果，將澎湖的考古文化劃分為四期：依年代先後分別為菓葉期、鎖港期、赤崁頭期，以及蔣板頭山期。其中前三者為屬於史前文化期，而後者屬於歷史時期。當時臧振華先生按其年代先後將此91處遺址區分為二類：史前遺址(prehistoric site) 52處，及漢人的歷史時代遺址(historic site)39處（臧振華，1988：149）。這些遺址依其出土遺物種類、數量，再區分為長期居住遺址、短期住居遺址、以及孤立發現地點。為了進一步瞭解早期歷史時代遺址，臧振華先生曾先後在白沙島的蔣板頭山A遺址、望安島的水垵A遺址及西嶼鄉的內垵C遺址等3處進行試掘（臧振華，1988：81）。臧振華先生在蔣板頭山A遺址進行調查時，發現了長約10公尺的貝塚暴露於地表上，因此，在該地進行發掘，發現了四個不同時期形成的文化層，其中上二層為屬於歷史時期文化層，出土中國瓷器、鐵器、以及貝殼、水、陸生動物骨骼遺留等，此二歷史時期文化層的遺物在出現頻率和模式上有相當大差異。並依此推判遺址的形態，上部歷史時期文化層可能為長期或定居式聚落遺存，而下部歷史時期文化層為一臨時性居址或營地。前者所屬年代可能晚於南宋，而後者則為唐宋之間（臧振華，1988：82）。而在水垵A遺址則發現一個屬於唐末（西元九、十世紀）的歷史時期文化層，出土遺物包括少數

4.此91處遺址中，部份遺址為前人學者發現的。並非全部遺址都是新發現。

杯、碗、盆、罐等陶瓷片及貝殼、魚骨等生態遺留（臧振華，1988：83；Tsang，1992：187-189）。此外，1983年臧振華先生於內垵C遺址田野調查時，發現了宋、元時期的瓷片；當時他採集了暴露於貝塚地層中的貝殼標本進行碳十四測年，測得年代為1430±150B.P.。之後，1985年在該遺址進行試掘，發現了三層九至十一世紀不同歷史時期的文化層。臧振華先生依據此三個文化層出土遺物的特性，推論上二文化層屬定居聚落遺存，而下一層可能是短期或臨時性捕魚營地遺存；由上文化層出土的熙寧重寶（北宋：A.D. 1068-1077）及碳十四年代可知，其年代為宋代；下一層則為唐末 (Tsang，1992：181-182，331)。

臧振華先生在進行田野調查期間，陳信雄教授亦曾前往澎湖，花費2、3年時間在當地大量採集、發掘中國古代陶，瓷器，經整理實物資料，重新釐清澎湖與台灣史之關係，並於後來出版的《澎湖宋元陶瓷》中展現其成果（陳信雄，1998）。陳信雄教授與臧振華先生二人資料的來源有所不同，前者多來自地表或海邊採集的資料，而後者的資料則是出土物多於採集。

2000年內政部為了瞭解臺灣地區考古遺址現況，委託臧振華先生所進行的台閩地區遺址普查研究計畫第四期報告中，詳載了澎湖縣的歷史時期（漢文化）遺址為23處，較原有已知遺址19處，增加了4處。由遺物內涵及貝殼定年，顯示這些遺址的年代大多為宋、元時期（臧振華，2000）。

此外，澎湖地區的考古研究史值得一提的是，1995年至1999年間，國立歷史博物館「水下考古小組」，在澎湖將軍嶼附近海域進行的古沉船發掘工作。這是國內首例由政府單位直接主持的「水下考古」工作（黃永川等，1999）。1995年，教育部為保存澎湖海域古沉船等文化資產，因而委託國立歷史博物館進行澎湖將軍澳海域古沉船發掘案。由於此沉船發現於將軍澳附近，因此，命名為「將軍一號」，其發掘面積共有110平方公尺，共出土94件遺物，包括近乎完整的陶瓷器、金屬（銅錢等）、木材、植物、骨骸、布料與綑綁用纜繩等遺物（黃永川等，1999：29）。出土遺物中，由所發現的乾隆通寶及陶、瓷器的特性來推斷，該沉船的年代距今約150年左右（黃永川等，1999：111）。

2002年，小組之「澎湖地區歷史考古研究計畫」為探討澎湖地區早期漢人生活樣貌與聚落型態的發展變遷，進一步釐清華南與臺灣之歷史文

化互動；先後進行澎湖西嶼島與中屯島全境之地表調查，繼而進行了臧振華先生所稱屬於蒔板頭山歷史文化期的西嶼島內垵C遺址與中屯島中屯A遺址的考古發掘，有關考古田野調查以及發掘工作之過程與成果，均將於本報告中一一陳述。

第四章 澎湖地區田野地表調查

一、調查區域概述

在進入主題討論之前,首先讓我們檢視西嶼和中屯嶼的自然與人文背景。

在澎湖地區為數眾多的歷史時期遺址中,位於西嶼鄉的內垵C遺址面積估計達4000平方公尺,出土遺物當中包含宋元時期瓷片;遺址的年代被認為有可能早及唐末時期(臧振華,2000),並為澎湖地區已知年代最早的漢人文化遺址。此外,內垵C遺址所在的西嶼(漁翁島),在地理位置上,為澎湖群島中最接近大陸地區的島嶼,因此,極有可能是漢人最早入墾澎湖的開發地。綜觀以上因素,本小組決定針對漁翁島進行全域地表調查,檢視之前學者所調查的遺址分佈情形及其保存現況外,同時也試圖發現更多的漢文化遺址。

另外,位於中屯嶼的中屯A遺址被學者認為是宋元時期漢人在澎湖重要之聚落遺址之一,曾出土貝塚與成套之日常生活用具(黃士強,1981:63),顯示宋、元時期漢人在澎湖之生活型態。因此,除西嶼外,小組亦決定針對中屯嶼全域進行地表調查。中屯A遺址遺址所在地目前仍可見到清晰的貝塚斷面,黃士強教授曾於民國六十八年在該地發掘出豐富的宋元時期遺物,對於研究宋元時期漢人在澎湖地區的生活樣貌頗有助益。所以本次將中屯嶼納入調查範圍內,希望藉由對不同地區的遺址的研究,來檢視漢人在澎湖地區的早期文化所呈現的樣貌,並為後續的考古發掘工作,提供較為詳細的資料。

西嶼(漁翁島)位於北緯23°32'01"至23°37'26",東經119°27'15"至119°31'48"之間,在澎湖本島西側,東北側以跨海大橋銜接白沙島。全島形狀南北狹長,北端及南端較為寬廣,形似靴子,面積滿潮時為18.2028平方公里(賴峰偉,2000)。在地質上,主要由柱狀及板狀玄武岩所構成。地形上呈現南高北低的景觀,平均高度為海拔30公尺左右,最高點位於外垵,海拔58公尺。雖地勢略高,但島內大部份為平緩台地。漁翁島居民共有10,234人,聚落分佈由北到南包括:合界村、橫礁村、竹灣村、大池村、二崁村、池東村、池西村、赤馬村、內垵村及外垵村。「垵」的閩南語即指「港口」而言,西嶼鄉的「內垵」因位於村落靠近島嶼東側

的內海沿岸處而得名。「內垵」於清代時期稱為「內塹社」，日治時期改稱為「內垵」。民國四十年實施地方自治時，才正式名之為「內垵村」。據說內垵村與外垵村之呂氏族群的遷澎始祖為呂成都，於清順治期間來自金門，當時在馬公市東衛里落戶，後來有部分族親遷居至內垵與外垵（呂正黨，2003：5－96）。

內垵村位於西嶼南部，北接赤馬村，南與外垵村比鄰。該村東西側皆臨海，面積為88,000平方公尺，南北各有一處漁船專用碼頭，是村民賴以為生的要地。內垵村現有443戶，共計1,495人，生業型態以漁為主，以農為輔；從事漁業之人口約600人，為一典型的漁業型村落。村內之五座廟宇中，祀奉池府王爺的內塹宮為村民的信仰中心。內垵村觀光資源相當豐富，尤以軍事古蹟為著，與外垵村之間高處為著名西臺古堡所在，建造於光緒十三年（1674年），係清廷為防止海峽賊寇侵襲，而由李鴻章主事興建而成。另於該村的東側高地，建有東臺古堡，在於防止企圖侵入馬公港的外敵。此外，位於該村北港碼頭南側有國家三級古蹟－塔公、塔婆，即為石敢當，具有鎮邪護境之功能，與著名的觀音山（呂正黨，2003：5－96）。

中屯嶼分佈於北緯23°35'05"至23°35'48"，東經119°35'00"至119°36'03"之間，其位於澎湖本島北側，南面以中正橋連結本島；北面以永安橋連接白沙島。面積滿潮時為1.4035平方公里（賴峰偉，2000）。在地質上，主要由柱狀及板狀玄武岩所構成，地形呈方山狀，絕大部份為介於海拔5公尺至15公尺的平緩地形，全島最高點僅為海拔17.37公尺。目前，中屯聚落集中於島嶼的西南側，人口共計有728人。中屯村原為一四面環海小島，介於澎湖本島及白沙本島之間，為交通及行政因素以砂石堆積造橋，因位居上述二島的中段，且形似土墩故被稱為"中墩"，似有鼓勵居民奉獻社會之意，出外謀發展之村民均以服務社會出名。光復後順應更名風潮及居民認為"墩"字不雅，故取名同音之"屯"字代之，從此將該村更名為"中屯"。瓜果及魚塭為該村特色，村內四處可見瓜田及養殖漁塭，公共設施有：村辦公處、社區活動中心、社區公園、漁港安檢所、中屯國小及農業專業區等，該村並有全國最大之風力發電站，村內永安宮主祀關聖帝君，乃為村民的信仰中心（白沙鄉公所，2001：3－37）。

二、調查原則、方法與步驟

　　本次地表調查於九十一年三月二日至二十一日進行，前後計20日。參與本次調查之小組成員為：蘇啟明、成耆仁、吳國淳、羅煥光、江桂珍及黃程偉等6人。本次調查採用高密度系統性調查法（systematic intensive survey），在實際進行田野調查前，首先以比例尺五千分之一的航照圖為基準，將整個調查區域劃分為長寬皆為100公尺的正方形區塊，每一個區塊各給予一個編號，作為登記地表遺物出現地點之單位。在每次進行步行調查前，會以顯著之地標（例如縣道或鄉道）劃分每次調查區域的範圍。在此區域範圍內調查時，原則上所有人員排成一橫線，以間距20至30公尺，筆直向前行走，使用計步器、指北針維持方位及距離，並檢視個人視線範圍內之地表及露頭。在地形及植被狀況（如地形過於險峻，或地表長滿植物致使觀察不易，圖版一）影響調查進行時，則斟酌當地地理環境即時予以調整，例如改變行進方向、或觀察外圍的地表及地層。由於本次地表調查主要調查對象為宋元時期遺物，因此調查期間一旦發現宋元時期遺物，除了登錄採集遺物的種類，將該地點標示於地圖上，並詳細登記此地點之相關描述，視情況需要，亦會以鑽探方法用採土器探測地表下的地層狀況以及遺物分佈情形（圖版一）。

（一）西嶼：

　　本次調查發現，大部份平緩之台地都已開發為旱田，主要種植花生，但多數旱田已遭閒置，除靠近聚落及縣道周圍之田地仍有耕種跡象外，其餘地表上多數已被銀合歡所覆蓋，造成調查上極大的困難。此外，在二崁、外垵及內垵近海的台地上也長滿及膝之雜草，致使地表可見度偏低（圖版二）。

　　整體而言，在可見度高的旱田地表，幾乎皆可發現明清時代所遺留之瓷片，明代瓷片出現頻率較中屯嶼高出許多，但並未尋獲宋代之遺物。

　　目前發現明清瓷片密度最高的地點，除了已知的內垵遺址外，另一處則是位於赤馬村樊桃殿以北約200公尺處，縣道203線西側的旱田，為一平緩台地（圖一），此地點除瓷片（圖版三）較為密集外，也發現一疑似玄武岩磨製石斧之遺物（圖版四）。旱田周圍有零星漢人墓葬，應是西嶼鄉第六公墓的延續，目前地表並未種植作物，但有翻土的情形。因此，

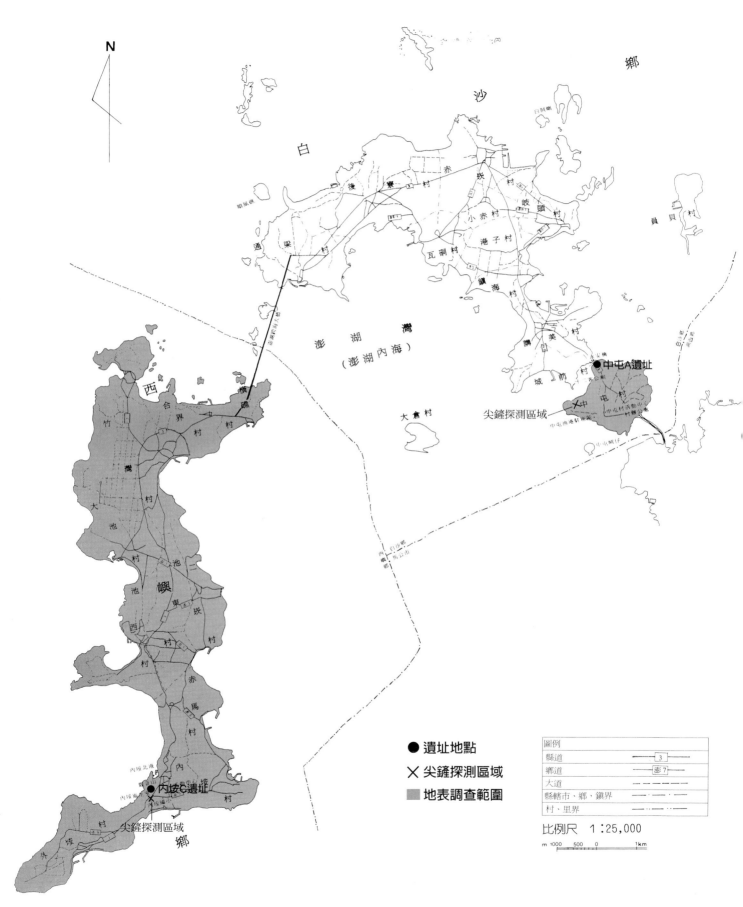

圖一：澎湖西嶼、中屯嶼地表調查範圍圖

16

為了瞭解當地的地層堆積狀況，決定在此地進行尖鏟探測：

尖鏟探測1：位於旱田中央。地表至地表下5cm為鬆散的褐色砂土層；地表下5cm至25cm處，土質較為結實，並無文化遺物。地表下25cm至35cm處，土中夾雜細碎砂岩塊。地表下35cm至50cm處，土中夾雜大量風化砂岩塊，已為風化岩層。

尖鏟探測2：位於旱田東側。地表至地表下6cm為鬆散褐色砂土層，夾雜些許貝殼、硬陶及清代瓷片。地表下6cm至地表下20cm為褐色砂土，並未發現文化遺物。地表下20cm至30cm處，土質與上層相同，但夾雜些許風化砂岩。地表下30cm至50cm，褐色砂土，夾雜風化砂岩以及赤色黏土。地表下50cm至120cm，褐色砂土，夾雜赤色黏土，推測為風化土層。

由這兩個尖鏟探測坑可以得知，此地點雖地表明清陶瓷片分佈密集，但在地表下卻未見有文化遺物或文化層的存在。

本次地表調查雖在內垵C遺址發現分佈密度較高的明清陶瓷片，但並未發現宋元時期的遺物，為瞭解此遺址現今的地層狀況，共進行了3處（參見圖一）尖鏟探測：

尖鏟探測1：位於「台閩地區第四期普查計畫」所劃定遺址範圍內之東側，近期內並未有耕作跡象（圖版五）。地表至地表下10cm，為耕作鬆土層，夾雜些許近代遺物及貝殼碎片。地表下10cm至25cm，深褐色近黑色砂土層，並未受現代農業耕作擾亂，出土些許硬陶及明代瓷片（圖版六）。地表下25cm至65cm，褐色砂土夾雜青灰色（黏土）土層，並未發現任何文化遺物及生態遺留，可能已為生土層。地表下65cm至130cm，土質與土色並無變化，接近底部時夾雜風化砂岩塊，可能已至風化岩層，到地表下130cm處已無法繼續向下挖掘。

尖鏟探測2：位於遺址範圍之南側，現為已荒棄超過一年之旱田（圖版七）。地表至地表下20cm，褐色砂土層，夾雜少量貝殼碎片，並未發現文化遺物。地表下20cm至35cm，褐色砂土夾雜青灰色黏土層，與尖鏟探測1相似。地表下35cm至115cm，青灰色黏土層夾雜些許褐色砂土，本層底部夾雜零星風化砂岩塊。地表下115cm至130cm，土色轉為赤色，夾雜風化砂岩塊，已至風化岩層，無法繼續向下挖掘。

尖鏟探測3：位於遺址範圍之中央，現為鬆土待耕種的旱田（圖版八）。地表至地表下20cm，細鬆的淡褐色砂土，含珊瑚、貝殼碎片，出土零星的紅色磚瓦、瓷片及綠色玻璃等近代遺物。地表下20cm至40cm，褐

色砂土層，夾雜完整及細碎的貝殼、珊瑚，出土帶釉之硬陶以及瓷片。地表下40cm至60cm，暗褐色砂土，土質較上層具有黏性且顆粒較粗，含完整及細碎的貝殼跟珊瑚，並發現一件豬的肩胛骨（圖版九）；文化遺物包括硬陶及紅色夾砂陶片。地表下60cm至80cm，暗褐色砂土，地層狀況與上層大致類似，但貝殼及珊瑚含量較少，有較大塊的硬陶出土。地表下80cm至90cm，暗褐色黏土層，出現風化岩塊，無任何遺物。地表下90cm至123cm，風化土層。

由此3處尖鏟探測坑可以得知，內垵C遺址目前在地表上並未發現宋元時期的遺物，但在地層上卻可以辨識出疑似文化層的堆積，不過其年代則需進一步的研究及探討。

（二）中屯嶼

全島幾乎都已開發為田地，種植蕃茄、花生及楊梅。在本次調查期間，大部份田地處於休耕的狀態，甚至已荒廢許久，地表上長滿銀合歡，對於地表調查的可見度及可及度產生不少影響。

本次調查發現，在地表上普遍可見到明清時代的瓷片，主要為青花瓷。除瓷片之外，還有硬陶、磚瓦等遺物，但後兩者在年代的判斷上有所困難，故本次調查在判斷遺物年代上是以瓷片為基準。

就瓷片的分佈狀況而言，清代青花瓷分佈範圍最廣，幾乎在島嶼的旱田地表皆可見到；明代青花瓷則稀疏分佈在旱田地表，但幾乎不見宋代瓷片。另一現象則是在島的東半部（縣道203線以東），陶瓷片在地表分佈狀況上較西半部稀疏許多。

本次調查唯一的一件宋代青瓷發現於中屯聚落西側的旱田，距開心廟西北方約250公尺處（參見圖一）。該旱田面積約有2,800平方公尺（東西70m×南北40m），大部分皆已廢耕，僅北側一寬約4公尺的田地目前種植蕃茄。地表散佈明清青花及青瓷瓷片，就密度而言為本次調查之最。為了解當地的地層堆積狀況，小組決定以採土器在旱田的東西兩側及中間偏北的位置，進行三個鑽探，結果如下：

鑽探點1：鑽探地點位於旱田西側偏南的位置。鑽探結果顯示地表下之土壤皆與表土相同，為褐色砂土，因所含溼度較高，地表下土壤，顏色較深，並未發現任何文化遺物。在地表下50cm處，碰及石質硬塊時，結束鑽探。

鑽探點2：鑽探地點位於旱田中間偏北的位置。由地表至地表下50cm處，地層情況與鑽探點1相同。地表下50cm至150cm處，土色略深且紅，土中夾雜許多碳化物質。地表下150cm至200cm處，土色轉為黃褐色，上層所見之碳化物質在本層僅零星出現。本鑽探地點並未發現任何文化遺物，由於深度已達鑽探器極限，故結束本次鑽探。

鑽探點3：鑽探地點位於旱田東側偏南的位置。由地表至地表下110cm，地層狀況與鑽探點1相同，為褐色砂土。地表下110cm至130cm，土色轉為黃褐色，狀況與鑽探點2類似。地表下130cm至150cm，土色轉為褐色，土質與地表土壤相似，本鑽探地點並未發現任何文化遺物，於地表下150cm處碰及石質硬塊，結束本次鑽探。

就本次鑽探結果而言，在地表下並沒有發現文化層堆積，與地表上遺物分佈密集的狀況呈現明顯的對比。為避免鑽探探測取樣的土層面積過小所造成之可能誤差，從而影響對於地表下地層堆積狀況的判斷，乃決定另外進行了兩個尖鏟探測坑（乃以尖鏟做非正式的挖掘，挖掘面積約直徑80至100cm，期望能較清楚的探知地層狀況）：

尖鏟探測1：位於旱田中間偏西的位置。地表至地表下50cm為褐色砂土，夾雜貝殼碎片，土色並未有明顯變化；土質於地表下30cm處變較為結實，但仍未有遺物出土。地表下50cm至60cm土質較硬且結實，顆粒大，夾雜少量珊瑚，貝殼量稀少，可能已為生土層。

尖鏟探測2：位於旱田東南側的位置。地層狀況與第一探測坑相似。地表為鬆散的褐色砂土層，約厚5至6cm，其下至地表下40cm，土質結實且夾雜貝殼碎片。地表下40cm至60cm處土質更加結實，夾雜風化砂岩。

尖鏟探測所顯示的結果大抵上與採土器鑽探所得之結果相似，在地表下同樣並未發現宋元時代的文化遺留。

此外，本次調查期間，小組踏勘了「蔣板頭遺址」，在蔣板頭山的地表發現了數量頗為豐富的宋、元時期青瓷片，惟該地點並非本計畫之地表調查範圍，因此，並未採集標本。

除歷史時期遺址外，本次調查同時也發現幾處史前遺物之地點，是否可界定為遺址仍需進行進一步的勘查。這些地點包括：（請參見圖一）

1、赤馬村聚落西側，5號鄉道分叉處西北側之旱田，在翻土過後的地表現一件疑似玄武岩磨製尖器和幾件瓷片（圖版十），然而周圍並未再

發現其他的史前遺物。

2、赤馬漁港西側，夾於南北兩處高地之低矮、平緩旱田，位於5號鄉道西側鄰近農舍的田地，發現一玄武岩磨製石鏃（圖版十一），然而周圍並未再發現其他的史前遺物。

3、風缺門西嶼第五公墓，沿203縣道西側產業道路至第五公墓，在道路盡頭東側旱田，發現一件褐色繩紋陶片（圖版十二），但周圍並未再發現其他遺物。

4、外垵，西嶼鄉第七公墓西側一高起之平台，發現疑似打剝之玄武岩石片　器及石廢料（圖版十三）。

第五章 澎湖地區田野考古發掘

　　本次針對澎湖西嶼鄉內垵C遺址及白沙鄉中屯A遺址所進行考古發掘工作，分別於九十一年五月四日至十二日以及五月十八日至二十六日完成。內垵C遺址共發掘6個1m×2m探坑（包括TP1-TP6，其中TP2為棄坑），而在中屯A遺址僅發掘1個1m×2m探坑。本次發掘工作採用探坑發掘法，探坑方位均為正南北向，並以每層10公分之人工層位逐層下挖，發掘過程中土色之記錄係以日本「農林水產省農林水產技術會議事務局」監修的1997年版「標準土色帖」為依據。參與本項工作之人員計有：蘇啟明、成耆仁、吳國淳、翟振孝、羅煥光、江桂珍與黃程偉。茲敘述本次發掘工作之過程與結果如下：

一、內垵C遺址

　　內垵C遺址位於內垵聚落203縣道西側的休耕旱田（花生田）上，其北側有觀音山，東南側距內垵衛生室約190公尺，南側約285公尺處為內垵國小校址（圖二）。茲將6個探坑的相對位置，各探坑的層位情況、相互關係以及出土文化遺物、生態遺留、所屬年代等，分別敘述如下：

（一）TP1

　　TP1工作日期為九十一年五月五日至八日，共計4日。本坑西北側8公尺處為TP3、東南側30公尺處為TP4，東北側33公尺處為TP5，地勢由南向北緩傾，土質主要為砂質壤土。

1、層位堆積

　　本試掘坑結束深度為地表面下112公分，依發掘所發現的自然地層，可以分為四個層位（圖版十四）。經發掘結果，發現出土文化遺物之地層，依土質土色之差異共可分二層，但由初步分析判斷各層之文化遺物，不論在器形、質地、色澤、燒造技術等特徵上，顯示相當高之一致性，應屬於相同之文化堆積，因而將此二層文化遺物堆積分別命名為文化層上、下層。茲將層位堆積狀況與出土遺物敘述如下：

　　（1）表土層（地表下0至30公分）：渾黃褐色砂土（dull yellowish

21

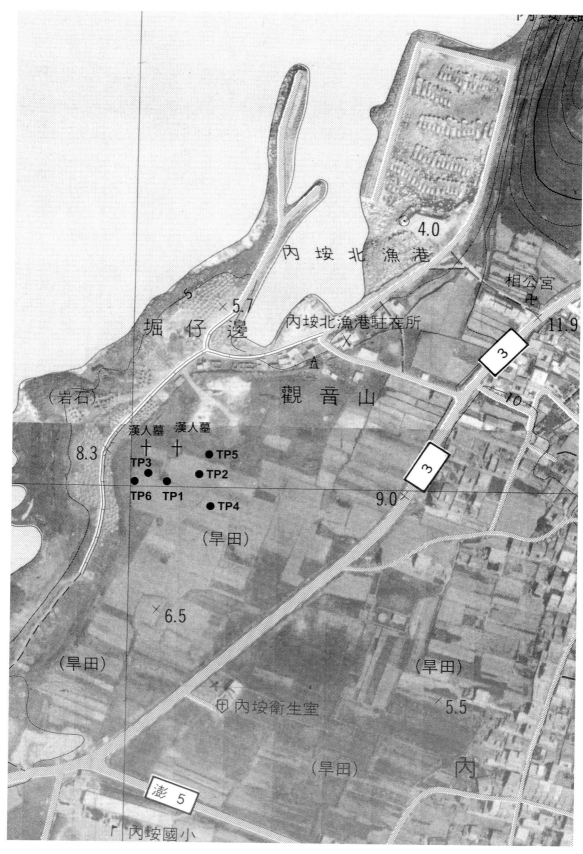

圖二：內垵C遺址發掘區域和探坑分布圖

brown，l0YR 4/3）。出土青瓷、青花瓷、硬陶、釉陶、磚瓦、螺貝、珊瑚等，其中以硬陶、青瓷之出土量居多。於東北處發現一橢圓形紅陶網墜，型態完整，長約4.5公分，器身直徑約3公分。

（2）文化層上層（地表下30至46公分）：渾黃褐色砂質壤土（dull yellowish brown，l0YR 4/3），底層約4cm土色轉為暗紅褐色（dark reddish brown，2.5YR 3/2）。由於溼度較表土層為高，土質較硬，土色亦較深，接近本層底部土質轉為塊狀的泥土。本層貝類堆積密集，各種貝類出土總重量達20.55kg，其中以螺貝為主。出土的文化遺物包括：白瓷、青瓷、硬陶、釉陶、磚瓦等。

（3）文化層下層（地表下46至67公分）渾黃褐色砂質壤土（ dull yellowish brown，l0YR 4/3）。北端土質黏度較高且硬，南端含砂量較多，土色較淡而鬆軟。出土之文化遺物計有：白瓷、青瓷、黑瓷、硬陶、釉陶與磚瓦，另外亦出土紅色陶網墜、玉石原料、以及微量木炭。而生態遺留則有獸骨、螺貝類（約7.05kg，較上層明顯減少）。本層所出土之文化遺物如：白瓷、青瓷、黑瓷、硬陶、釉陶等各類陶瓷遺物之形制、質地、色澤及燒造技術等特徵具有高度一致性看來，應與上層同屬一文化的不同層次。

（4）生土層（地表下68至112公分）黑褐色砂質壤土（brownish black，l0R 3/2），土色較深，土質具黏性並夾雜淺色黏土。自地表下68公分處沒有遺物出土，因此決定只挖掘探坑南半部1m×1m的部分。自地表下80公分處，淺色黏土明顯增多，並出現風化玄武岩岩塊。在地表下90公

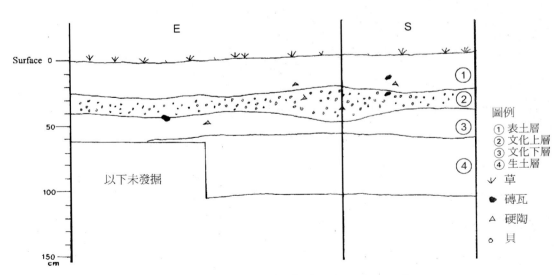

圖三：內垵C遺址TP1東南界牆斷面圖

分時，發現一小塊不明鐵器（狀似魚叉），除此之外，未見其他遺物，可能是上層侵入。本層底部已接近岩盤，研判為生土層。因此，結束本坑的發掘。

2、出土遺物

　　本坑出土之文化遺物主要有：白瓷、青瓷、青花瓷、黑瓷、硬陶、釉陶、磚瓦、石器、鐵器等以及水生動物（貝類、魚骨）、陸生動物（豬骨等）等生態遺留。茲分類敘述如下：

（1）文化遺物

　　A、白瓷：本坑共出土白瓷13件，總重量為99公克（表三），多集中在文化層上層，計有腹片6件、口緣5件、底2件。本坑出土的白瓷，經鑑定結果最早可到明代。

　　B、黑瓷：本坑於文化層下層出土黑瓷腹片1件，重量為4.6公克（參見表三）。

　　C、青瓷：本坑共出土96件，總重量為576.3公克（參見表三）。計有腹片56件、口緣32件、底部8件。本坑出土的青瓷釉色以灰青色釉、深綠色釉、淺青色釉、橄欖黃色釉等為主，亦見黃褐色者。底胎則多呈灰白色、灰褐色，而器表紋飾以線環紋、劃紋及少許蓮瓣紋（圖四：4）為主，其餘為素面青瓷。依其腹片、底部、口緣（圖四：1、2）之形制來看，此類遺物的器型計有：碗型器、盤型器、罐型器、缽型器、盞型器等。其中於表土層下層出土的澀圈青瓷圈足雖只有約四分之一的足底，仍可清楚看出碗心一環刮露胎痕跡的青瓷，這是一種較粗放的裝窯方法大量生產的產品，此種產品特徵為外表施釉不到底，修足草率，此器器表未施釉，胎厚，底胎為灰黃色（圖四：3，圖版十五、圖版十六）。本坑出土的青瓷，經鑑定結果最早可到南宋時期。

　　D、青花瓷：本坑共出土青花瓷2件，總重量為4.4公克（參見表三）。器表多施灰白色釉、胎色則呈灰白色；其中較小塊青花瓷片為腹片，器表施花瓣紋（圖五：1，圖版十七、圖版十八）及線紋，另較大片青花瓷片，為口緣部分，無花紋。因所出土的青花瓷片均碎小，較難判斷器型，且均分佈於表土層，推判應為晚近之文化遺物。

　　E、硬陶：本坑共出土152件，總重量為1,099公克（參見表三）。此類

24

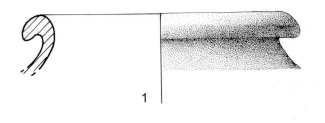

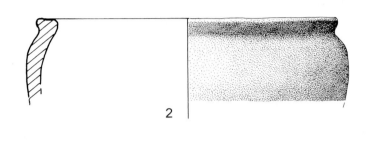

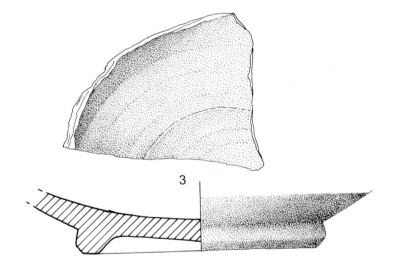

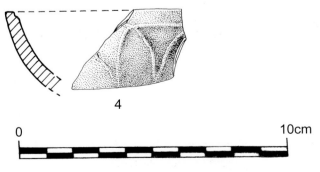

0   10cm

圖四：內埤C遺址TP1出土遺物
    1、2、4：青瓷口緣；3.青瓷圈足

遺物為本坑出土遺物中數量最多者，以文化層上層、文化層下層分佈最為密集，共出土119件。本坑所出土硬陶均為素面陶，器表未施任何紋飾，計有腹片132件、口緣9件（圖五：2，圖版十九、圖版二十）、底部10件、頸部1件（表四）。器表顏色以淺褐、灰白、淺灰、淺黃褐等色為主，內壁顏色則有灰白、灰褐、淺灰、淺褐色等，底胎則有灰白、灰褐、灰橙、淺褐、暗褐色等。在腹片內壁，有的略帶拉胚痕紋，有的在外表接近底部部分有數道斜劃的溝槽痕。其中於文化層上層出土一件無足平底殘片，由其形制推判，應為甕型器之底部，底胎為灰褐色，胎壁厚約1cm，底部厚約0.5cm，胎質含砂量高，觸摸有粗糙感（圖版二十一、圖版二十二）。

另於表土層及文化層下層出土橢圓形之紅陶網墜（圖五：5、圖版二十三）。

F、釉陶：本坑共出土84件，總重量為527.5公克（參見表三），其中有76件集中分佈於文化層上層、文化層下層，計有腹片54件、口緣17件、底部8件、頸部3件、把2件（圖五：4）。器表施以黑褐、淺褐、灰褐、灰白色等釉，底胎則有灰白、淺褐、淺灰黃色等。在腹片內壁中，可見拉胚紋。其中於文化層下層出土底部殘片一件，其器內部施黑褐釉，底胎為灰褐色，器表沒有施釉，可見拉坯紋（圖五：3，圖版二十四、圖版二十五），應為平底罐型器。本坑出土的釉陶經鑑定多為清末民初之遺物。

G、磚瓦：本坑共出土126件，總重量為1,095.8公克（參見表三），多為碎片，顏色大多呈橙紅色，少許呈灰白色。大部分出土於文化層上層（41件）及文化層下層（80件）。因磚瓦未具有明顯時間性特質，無法鑑定其所屬年代。

H、石器：本坑於文化層下層出土1件玉質長方形刮削器（圖版二十六、圖版二十七），重量為54.1公克，，長8.2公分，寬4公分，厚1.4公分，刃端打剝成半圓弧狀，刃部還相當銳利，有使用過的痕跡，另一端則折斷，器身可見打剝痕跡。

I、鐵器：本坑共出土2件，文化層下層出土1件，重量為0.5公克，長約2公分，狀似釣魚鉤的前端彎月型部分，氧化嚴重幾成鐵渣（圖版二十八）。另一件為不明鐵器，生土層出土，重量為15.8公克，長約5公分，為長條狀鐵器，因氧化嚴重與碎貝殼渣及砂土等混黏在一起，並有四道裂痕，明顯從裂痕中看到鐵銹痕跡。

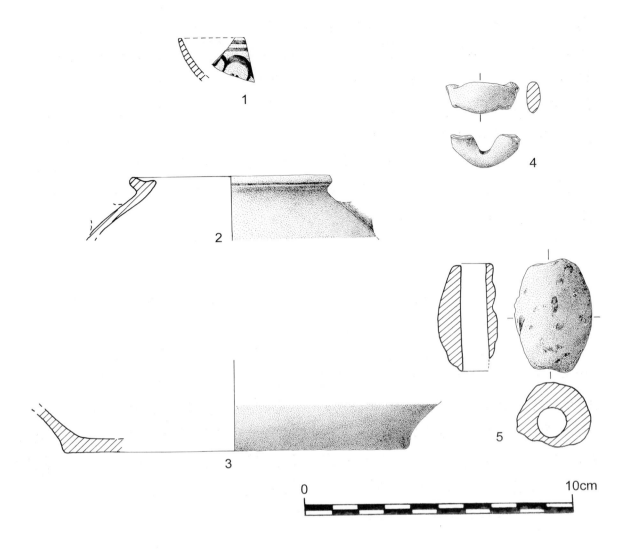

圖五：內垵C遺址TP1出土遺物
　　　1.青花瓷；2.硬陶口緣；3.釉陶底
　　　4.釉陶繫耳；5.硬陶網墜

（2）生態遺留

A、陸生動物：本坑共出土18件，總重量為93.7公克（表五），其中有1件分佈於表土層，1件分佈於文化層上層，16件分佈於文化層下層。主要包括：豬科動物肢骨、頭骨、牙齒（圖版二十九），另有無法判辨種屬之獸類肢骨、肋骨及不明部位之殘骨，其中在豬類殘骨上，有火燒痕跡。

B、水生動物：本坑共出土1,306件，其中包括貝類1,303件，總重量為3,457.5公克（表六、七），以及魚骨3件，總重量為2.6公克（參見表五）。貝類之類別，請參見（表三十）所列。

3、年代

本坑檢送文化層下層出土的2件木炭標本，分別為地表下55公分和地表下58公分，委請美國Beta Analytic Inc.進行碳十四加速器微量定年分析（AMS, Accelerator Mass Spectrometry），所測定之年代校正後為A.D.1260－1410之間，約當南宋中期（南宋寧宗A.D.1194－1224）至明代初年（明成祖A.D.1402－1424）（表二）。本坑所出土的文化遺物主要含括青瓷、青花瓷、硬陶、釉陶、磚瓦、石器、紅陶網墜（圖版二十四）等，其中青瓷的年代最早可溯及南宋，白瓷之最早年代則為明代，釉陶中年代最早者為清末民初的遺物。綜上所述，本坑之年代最早約為南宋中期。

表二：碳十四年代測定資料表

標本暨實驗室編號	坑位	出土深度	定年材料	測定年代	校正年代 1 sigma	校正年代 2 sigma
NA-C001/ Beta-168743	TP1	距地表下55公分	木炭	B.P. 690±50	A.D.1280-1300	A.D.1260-1400
NA-C002/ Beta-168744	TP1	距地表下58公分	木炭	B.P.640±40	A.D.1290-1320 & A.D.1340-1390	A.D.1280-1410

4、小結

本坑所出土之遺物計有：白瓷、青瓷、青花瓷、黑瓷、硬陶、釉陶、磚瓦、石器、鐵器等，集中分佈於文化層上層及文化層下層。本坑經碳十四年代定年，以及出土遺物判斷，其年代最早約為南宋中期。本坑在文化層上層同時出土元明瓷片與民初時期瓷片，可能是當地居民耕墾過程

翻土行為所造成。而史前時期的石器與歷史時期的陶瓷片同時出土於文化層下層，亦可能是擾亂行為而造成。

表三：内垵C遺址TP1出土陶瓷類統計表

器類/層位	白瓷		青花瓷		青瓷		黑瓷		陶		硬陶		釉陶		磚		棄		總件數	總重量(g)
	件	重	件	重	件	重	件	重	件	重	件	重	件	重	件	重	件	重	件	重
L1	1	2	2	4.4	16	128.3					33	303	8	57.5	5	93.8	34	66	102	655
L2	8	74			27	138			3	12	35	263	21	130	41	472	81	136	211	1225
L3	4	23			53	310	1	4.6			84	533	55	340	80	530	56	111	328	1851.6
L4																			0	0
L5																				
總件數	13	99	2	4.4	96	576.3	1	4.6	3	12	152	1099	84	527.5	126	1095.8	115	313	641	3731.6
百分比(%)	2		0.3		15		0.16		0.47		23.7		13.1		63.5		17.9			

L1:表土層;L2:文化層上層;L3:文化層下層;L4:生土層（棄：太細碎無法辨識陶瓷類別）

表四：TP1出土陶瓷類部位統計表

器類/層位	白瓷		青花瓷		青瓷		黑瓷		陶片		硬陶		釉陶		總件數	總重量(g)
	件	重	件	重	件	重	件	重	件	重	件	重	件	重	件	重
腹片	6	33	1	1	56	325.6	1	4.6	3	12	132	795.1	54	333	258	1504.3
口緣	5	57	1	3.4	32	146.7					9	80.3	17	72.4	64	359.8
底	2	9			8	104					10	216.3	8	87.2	28	416.5
頸部											1	7.3	3	27.1	4	34.4
把													2	7.8	2	7.8
總數	13	99	2	4.4	96	576.3	1	4.6	3	12	153	1099	84	527.5	356	2322.8

表五：TP1出土動物種屬統計表

種屬/層位	豬		魚		不明		總計	
	件	重	件	重	件	重	件	重
L1	1	4.6					1	4.6
L2	1	3	1	1.3			2	4.3
L3	5	60.6	2	1.3	11	27.5	18	87.4
L4							0	0
總件數	7	68.2	3	2.6	11	27.5	21	96.3
百分比(%)	33.3		14.3		52.4			

L1:表土層;L2:文化層上層;L3:文化層下層;L4:生土層

表六：TP1出土貝類種屬件數統計表

層位/種屬	0	1	2	4	5	6	9	12	13	14	16	18	20	21	22	23	24	25	26	28	29	35	36	46	總計
L1	1	4	1	30	3	11	1		9	1	76			3		2	20	10	1	161					334
L2	97	2	4	42	1	10		2	10		112		1	2	4		88	10	1	299	3	1			687
L3	*		2	12	1			1	6	2	66	1			1	2	58	65		62			1	*	282
L4																									0
總件數	98	6	7	84	5	21	1	3	25	3	254	1	1	5	5	4	166	85	2	522	3	1	1		1303
百分比(%)	7.5	0.5	0.5	6.4	0.4	1.6	0	0.2	1.9	0.2	19.5	0	0	0.4	0.4	0.3	12.7	6.5	0.2	40.1	0.2	0	0		

L1:表土層;L2:文化層上層;L3:文化層下層;L4:生土層(* 殼體太小無法辨認種屬；種屬代號請參見表三十)

表七：TP1出土貝類種屬重量統計表

層位/種屬	0	1	2	4	5	6	9	12	13	14	16	18	20	21	22	23	24	25	26	28	29	35	36	46	總重量(g)
L1	43	77	15	82	6.4	14	61		13.1	17	114			8.9	1.2		88	23	8.9	331					902.65
L2	129	37	47	114	2.9	11		9	64.3	18	186		29	7.9	2.1	19	170	61	7.1	636	36	3.3			1490.6
L3	184		35	73	2.1			3	9.6	18	121	50			1.1		83	317		69.9			6.6	13.4	1064.25
L4																									0
總重量	356	114	135	269	11.4	55	61	12	87	35	421	50	29	16.8	4.4	19	341	401	16	1036.9	36	3.3	6.6	13.4	3457.5

L1:表土層;L2:文化層上層;L3:文化層下層;L4:生土層(種屬代號請參見表三十)

（二）TP3

TP3工作日期為九十一年五月六日至九日，共計4日(圖版三十)。其東南側約8公尺處為TP1、西南側約5公尺處為TP6，而東北側約10公尺處則有一座漢人墓葬，西邊臨一條南北向的產業道路，道路距海約10公尺。本坑地勢由西北向東南緩傾，土質主要為砂質壤土。（本坑位置參見圖二）

1、層位堆積

本試掘坑結束深度為地表面下120公分。依發掘層位，可以分為三個層位，亦即近代堆積層（即表土層）、文化層以及最底下的礫石層。其中文化層又可依發掘深度所呈現之不同的自然堆積現象（不同土質與不同土色）共可分為三層，惟經由初步分析判斷各層之文化遺物，不論在器物之器形、質地、色澤、燒造技術等特徵上，大都相當一致，應屬於相同之文化堆積，因而將此三層文化遺物堆積分別命名為文化層上、中、下三層（圖六及圖版三十一）。各層位堆積情形與出土遺物大致如下：

（1）表土層（地表下0至20公分）：厚約20公分，灰褐色砂土（grayish brown，7.5YR 4/2）。夾雜植物根莖，出土硬陶、釉陶、瓷片、磚瓦，及貝類、魚骨、獸骨、獸牙等；陶類除容器碎片外，並出土一枚陶網墜。基本上，北半部遺物堆積較南半部密集。

（2）文化層上層（地表下21至42公分）：厚約20公分，灰色砂質壤土（gray，5Y 4/1），黏性與硬度都較表土層為高，土色亦較深。出土硬陶、釉陶、青瓷、白瓷，及黑瓷等容器碎片，和陶網墜、磚瓦、鐵塊等文化遺物，以及大量貝殼、珊瑚、獸骨、魚骨等生態遺物。本坑貝類遺留數量龐大，為取得此較完整的標本資料，自本層開始，東南角50cm×50cm範圍內的生態遺留全部採集。

（3）文化層中、下層（地表下43至88公分）：厚約45公分，砂質壤土，土色隨深度而變化，從黃褐色（yellowish brown，10YR 5/6），漸漸變為渾黃褐色（dull yellowish brown，10YR 5/4），灰黃色（grayish yellow，2.5Y 6/2），底部變為紅褐色（bright reddish brown，5YR 5/8），黏度硬度亦隨深度漸漸變大。呈西北向東南傾斜。出土硬陶、釉陶、青瓷、白瓷和黑瓷等容器殘片，還有磚瓦、陶網墜、少量鐵塊等文化遺物，以及貝殼、珊瑚、獸骨、魚骨等生態遺物。文化遺物以青瓷片最多，次為硬陶和釉陶，但總數量皆明顯較上層（文化層上層）少，在本層內亦呈向

下遞減現象。由出土之文化遺物之組合及各類陶瓷遺物如：青瓷、黑瓷、硬陶、釉陶等之形制、質地與色澤等特徵與上層所出土者一致性頗高看來，應與上層屬於同一文化。

（4）礫石層（地表下89至120公分）：厚約30公分，土色由褐色（brown，10YR 4/4），向下變為橄欖褐色（olive brown，2.5Y 4/4）；土質為結塊的壤土，風化程度嚴重。本層出土遺物已非常稀少，僅發現一片青瓷及四片硬陶，魚骨亦少，獸骨亦僅一件，可能是由上層侵入。本層自地表下100公分處開始僅挖南半坑，並於120公分深度時結束發掘。

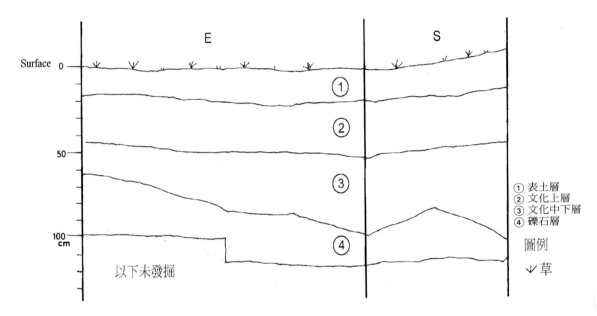

圖六：內垵C遺址TP3東南界牆斷面圖

2、出土遺物

本坑出土之遺物主要有：青瓷、白瓷、黑瓷、硬陶、釉陶、磚瓦等文化遺物（表八），以及陸生動物和水生動物等生態遺留。茲分類敘述如下：

（1）文化遺物

A、白瓷：本坑白瓷以文化層上層出土最多，次為文化層中層，表土層則有兩件；共出土11件，總重量為63.7公克。計有腹片6件、口緣3件、底部2件。釉色有灰白、牙白兩種，部分脫釉；胎厚薄不一（從0.2cm至

33

0.6cm），皆為灰褐色泥胎，五件（其中四塊可拼合）有紋飾，餘皆素面。器型包括碟（圖七：3）、盤、碗、瓶等。文化層上層所出土的五件有紋飾殘片，經拼合後可判別為碟形器的口緣和底部（圖版三十二、圖版三十三），釉呈灰白色，胎灰褐色，斷面有氧化現象，表面有上下整齊排列的幾何方格壓印紋，鑑定為明代晚期製品。餘依釉色及胎土判斷為清代遺物。

　　B、黑瓷：本坑黑瓷以文化層中、下層出土最多，文化層上層反而較少，表土層有兩件；共出土18件，總重量163.1公克。計有腹片11件、口緣5件、底部2件。釉色為醬黑；胎呈灰色，厚約0.3公分至0.5公分，皆素面無紋飾，1件有貼耳。器型包括碗（圖七：4）、甕、罐等。文化層上層出土一件碗形器殘片（圖版三十四、圖版三十五），尚留半個圈足，整塊瓷片除底部外，裡外皆施滿醬黑色釉，無紋飾，胎呈灰色，碗口外部略為凹斂，燒製甚為精緻，應為明末或清初製品。其餘殘片為清代遺物。

　　C、青瓷：本坑青瓷主要出土於文化層上層（占55% 以上），次為文化層中層；共出土188件，總重量為1,532.8公克。計有腹片125件、口緣45件、底部17件、壺嘴1件(表九)。釉色以青灰色釉和黃綠色釉為主，胎厚度不超過0.5公分，多為灰白色泥胎，皆素面無紋飾，普遍粗糙不精緻。器型包括碟（圖七：2）、碗、盤、壺、罐等。其中於文化層上層出土的1件青瓷碟形器殘片（圖版三十六、圖版三十七），器內面施黃綠色釉，並有明顯冰裂紋，光澤如新，底部及器表未施釉，胎呈灰褐色，整體製作精細，經鑑定為明代遺物。其餘絕大部分皆清代或近代遺物。

　　D、青花瓷：本坑僅在文化層上層出土1片青花瓷口緣，重2.4公克，釉色淡，質劣，可能是近代遺物。

　　E、硬陶：本坑硬陶以文化層中、下層出土最多，次為文化層上層，若以堆積密度言，則是文化層上層最密集；共出土217件，總重量為2,074.7公克。計有腹片175件、口緣27件、底部10件、蓋5件。皆為夾砂素面陶，有厚薄兩種，厚者呈灰褐色，薄者顏色較淡。器型有罐（圖七：1）、甕、鐔等。文化層上層出土一件斂口罐形器口緣殘片（圖版三十八、圖版三十九），為夾砂胎，有輪製痕跡，器壁厚薄非常均勻，由其形制推判，應為近代燒製之日常用器。此外，文化層上層及中、下層皆出土器蓋殘片，亦為輪製夾砂薄胎，蓋緣微微翹起，緣邊修飾也很工整；表土層出土一件器底殘片，夾砂胎，但質感較細，呈泛紅黃褐色，輪製痕跡更明

顯，足盤中間有一個入窯前即鑿穿的洞，用途不明。據製作特徵看，這些硬陶器年代都屬近代。

此外，本坑共出土8件網墜，都是陶質；以文化層中、下層出土最多（5件），次為表土層（2件），文化層上層只有一件。其中五件較完整，三件有殘損。有兩種形式：一種呈菱形，器體表面中央刻一十字，顏色為灰黑色（一件，見圖七：5及圖版四十）；另一種呈弧形，有胖有瘦，顏色為橙色。其中第一種未見文獻或圖錄記載過，第二種經比對已發表的報告，係鉛質及塑膠網墜出現以前漢人常用者。

F、釉陶：本坑釉陶以文化層上層出土最多，次為文化層中、下層，表土層也發現不少；共出土113件，總重量為1,040.2公克。計有腹片71件、口緣20件、底部11件、頸折10件、器把1件；其中口緣多為厚唇器口，器底都是平底。釉色有黑褐、灰褐、灰白等，多施於容器內部；底胎有灰白、灰褐、橙等色，厚薄不均。在腹片外壁上可見轆轤拉坯之圈紋。可確定的器型有大甕、平底罐、深腹碗、盤、碟等，經鑑定多為清末民初遺物。

G、磚瓦：本坑另出土磚瓦61件，總重量1,360.1公克；以文化層中、下層出土較多，次為文化層上層。顏色都是橙紅。製造場所及年代尚待辨識。

（2）生態遺留

A、陸生動物：本坑共出土獸骨96件，總重量為516.5克（表十），其中約百分之四十六集中分佈於文化層上層。經鑑定主要包括豬、牛、羊等。其中部分遺骨有切割痕跡。在文化層上層北界牆出土一件有切割痕的骨塊，出土時還伴隨著一件鐵器殘塊。

B、水生動物：本坑出土水生動物遺留包括貝類和魚骨。本坑貝類遺留數量龐大，自文化層上層起即以東南角50cm×50cm範圍內的全部生態遺留為抽樣樣本，故本部份的統計數據主要據此。本坑計出土34種貝類殼體和其碎片，共8,285件（表十一），總重量為22,602.2公克（表十二）。其中，以草蓆鐘螺（*Monodonta labio* (Linnaeus)）最多（2,338件，4,248.5公克），黑瘤蟹守螺（*Cerithium carbonarium Philippi*）次之（1,934件、4,209.9公克），珠螺科（*Lunella coronata* (Gmelin) & *Lunella granulata* (Gmelin)）再次之（1,695件、3,697.1公克）。按堆積層位看，表土層底

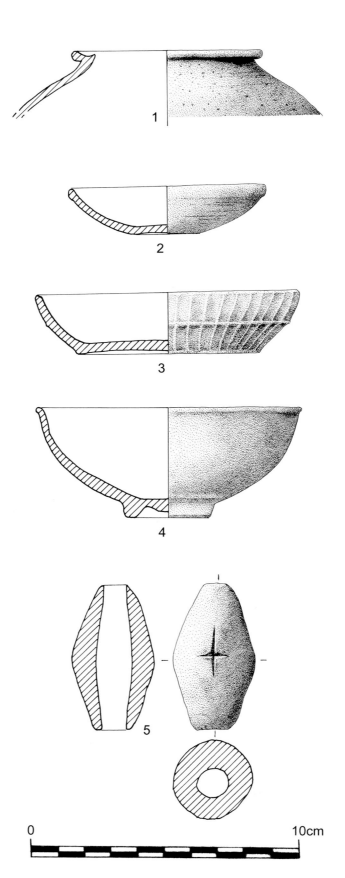

圖七：內垵C遺址TP3出土遺物

1.硬陶口緣；2.青瓷碟型器；3.白瓷碟型器

4.黑瓷碗型器；5.硬陶網墜

36

部出土最多（2,276件、8,901.3公克），文化層中、下層次之（1,298件、8,288.9公克），文化層中、下層以下出土量隨深度遞減。出土貝殼大都完整，殘破者不多，因此其食用方式應非直接敲擊。

本坑出土的魚骨共計112件，總重量為220公克（參見表十），以數量言，文化層中、下層較多；以分佈密度言，文化層上層較密集。基本上不見大型的魚骨，故魚種可能以近海捕獲的常見小型食用魚類為主。

3、年代

由於本坑並無碳十四絕對年代，因此，有關其年代問題，僅能就出土文化遺物加以判斷。由出土的瓷片和陶片標本形式、釉色、胎質等特徵鑑定，本坑所出土的文化遺物最早不會早過明代中葉（十五世紀）。

4、小結

本坑只有一個文化層，其上層因出土數量龐大的貝類遺留，應為貝塚堆積層，所出土之文化遺物以瓷片和陶片較多，生態遺物以螺貝類和魚骨、豬骨為主；其分佈現象皆由上往下遞減。

由於貝塚比較集中堆積於文化層上層，距地表深度不到20公分，而貝塚堆積本身又不厚，加上出土遺物的特徵分析，推測本坑文化層堆積形成年代應不會很早，是一個近代漢人社會日常廢棄物所形成之堆積；其形成年代不會早於十五世紀。

表八：內垵C遺址TP3出土陶瓷類統計表

器類/層位	白瓷		青花瓷		青瓷		硬陶		釉陶		黑瓷		磚		棄		總件數	總重量(g)
	件	重	件	重	件	重	件	重	件	重	件	重	件	重	件	重	件	重
L1	2	7.7			7	43.3	36	430.4	29	382.2	2	14.8	7	165.2	3	39	86	1082.6
L2	5	31	1	2.4	155	1286.9	108	946.3	58	415.7	6	111.2	38	780.1	7	167	378	3740.6
L3	4	25			26	202.6	73	698	26	242.3	10	37.1	16	414.8	6	31	161	1650.8
L4																	0	0
總件數	11	63.7	1	2.4	188	1532.8	217	2074.7	113	1040.2	18	163.1	61	1360.1	16	237	625	6474
百分比(%)	1.8		0.2		30.1		34.7		18.1		2.9		9.8		2.6			

L1:表土層; L2:文化層上層; L3:文化層中下層; L4:礫石層; 棄：太細碎無法辨識陶瓷類別

表九：內垵C遺址TP3出土陶瓷器類位統計表

器類/部位	白瓷	青花瓷	青瓷	硬陶	釉陶	黑瓷	總計
腹片	6	1	125	175	71	11	389
口緣	3		45	27	20	5	100
底	2		17	10	11	2	42
壺嘴			1				1
蓋				5			5
頸折					10		10
把					1		1
總數	11	1	188	217	113	18	548

表十：內垵C遺址TP3出土動物種屬統計表

種屬/層位	豬		魚		牛		羊		龜		不明碎骨		總計	
	件	重	件	重	件	重	件	重	件	重	件	重	件	重
S.C.											2	7.4	2	7.4
L1	13	21	19	27							3	3.9	35	61.9
L2	35	153	31	84	4	4.8	5	50			24	51	99	342.8
L3	30	210	62	109	7	65	2	2.7	4	27	34	133.4	139	547.1
L4														0
總件數	78	394	112	220	11	69.8	7	52.7	4	27	63	195.7	275	959.2
百分比(%)	28.4		40.7		4		2.55		1.5		10.1			

L1:表土層; L2:文化層上層; L3:文化層中下層; L4:礫石層

表十一：內垵C遺址TP3出土貝類種屬件數統計表

層位/種屬	0	1	2	3	4	5	6	7	9	11	12	13	14	16	17	18	19	20
L1	*	8	1	5	225	4	368				9	111		1047			1	2
L2	*		1	4	108	8	33	2	2		5	101	1	625	2	1		
L3	*				31	12	9			3	34	326	1	666	8	11	1	
L4																		
總計	*	8	2	9	364	24	410	2	2	3	48	538	2	2338	10	12	2	2
百分比(%)		0.2	0	0.2	8.1	0.5	9.1	0	0	0	1.1	11.9	0	51.9	0.2	0.3	0	0

層位/種屬	21	22	23	24	25	27	28	29	30	31	32	33	34	37	38	43	46	總件數
L1	7			822	85	1	1353	1	2	1			1	2			1	2276
L2	3	1	1	414	113		386	2		2	1	1	2			9		935
L3	1	3	1	459	78	2	195	3	3	1			1	1	17	11	522	1298
L4																		0
總計	11	4	2	1695	276	3	1934	6	5	4	1	1	4	3	17	11	532	4509
百分比(%)	0.2	0	0	37.6	6.1	0	42.3	0.1	0.1	0.1	0	0	0.1	0	0.4	0.2	11.8	

L1:表土層; L2:文化層上層; L3:文化層中下層; L4:礫石層

(*：殼體太小無法辨認種屬；種屬代號請參見表三十)

表十二：內垵C遺址TP3出土貝類種屬種屬重量統計表

層位/種屬	0	1	2	3	4	5	6	7	9	11	12	13	14	16	17	18	19	20
L1	262	107.7	26.2	68.5	567.5	6.95	509				31.9	163		1711			3.65	7.5
L2	616		10.6	25.6	291.8	13.6	54	6.85	96.8		11.1	133.9	8.65	1219.9	0.6	23.1		
L3	2534.1				94.4	20.6	69.4			10.9	208.9	660.8	16.8	1317.65	1.5	108.3	5.3	
L4																		
總計	3412.1	107.7	36.8	94	953.7	41.15	632.4	6.85	96.8	10.9	251.9	957.7	25.4	4248.5	2.1	131.4	8.95	7.5

層位/種屬	21	22	23	24	25	27	28	29	30	31	32	33	34	37	38	43	46	總重量(g)
L1	16.2			1858.6	467	13	3030.3	5.9	7.6	3.9			8.2	24.5			1.1	8901.3
L2	5.9	0.2	0.6	836.3	568		829	3.4		14.2	2.6	10	31.9		5.8		597.4	5412
L3	4.2	0.4	8.7	1002.2	429.5	43.6	350.6	49.6	6.1	2.3			13.4	4.3	5.8	3	1316.3	8288.9
L4																		0
總計	26.3	0.6	9.3	3697.1	1464.5	56.6	4209.9	58.9	13.7	20.4	2.6	10	53.5	28.8	5.8	3	1914.8	22602.2

L1:表土層；L2:文化層上層；L3:文化層中下層；L4:礫石層
(種屬代號請參見表三十)

（三）TP4

TP4發掘時間自九十一年五月九日至五月十日，前後共計2日。本坑在TP1東南側30公尺處，北側30公尺處為TP5，距內垵衛生室160公尺，現地表為乾鬆的砂土，目前栽種花生。地表可見一些碎貝、碎石。本坑發掘前地勢南高北低緩傾，主要為砂土。茲將各層位堆積情形（圖八，圖版四十一、圖版四十二）與出土遺物敘述如下：

1、層位堆積

（1）表土層（地表下0至10公分）：厚約10公分，黃褐色砂土（yellowish brown，2.5Y5/3），出土磚、陶片、瓷片，夾雜貝類、花生、珊瑚，應為耕作時擾動過的地層。本坑出土貝類數量及種類以本層最多。

（2）文化層（地表下11至32公分）：厚約20公分，顆粒狀橄欖褐色（介於dark olive brown，2.5Y3/3至 olive brown，2.5Y4/4）砂土，質鬆軟，本層北半部區域因濕度較高，土質較黏，土色亦較深。出土木炭、磚、瓷片、陶片、獸骨、貝類、鐵器、塑膠片等，其中以磚及硬陶的數量較多；貝類數量比上層明顯減少很多。

（3）生土層（地表面下33至92公分）：地層由北向西傾斜，越接近底層風化程度越高，本層上半部，自地表下33至72公分，沙土與黏土夾雜，土色介於橄欖褐色 （olive brown，2.5Y 4/4）與暗橄欖褐色（dark olive brown，2.5Y 3/3）之間，由於本坑越往下挖，岩層風化程度越高，因此決定自72cm以下，縮小挖掘面積，以北半部繼續下挖，主要為風化岩層，土色介於橄欖灰（grayish olive，7.5Y 5/2）與暗褐紅色（dark reddish brown，10R 3/3）之間。本層未出土任何文化遺物。本坑挖掘至地表下92cm結束。

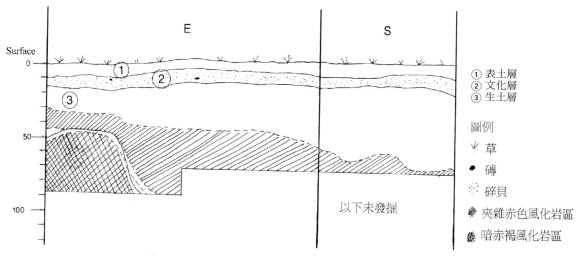

圖例
⑴ 表土層
⑵ 文化層
⑶ 生土層

圖例
ᐯ 草
• 磚
⌕ 碎貝
◈ 夾雜赤色風化岩區
◈ 暗赤褐風化岩區

以下未發掘

圖八：內埤C遺址TP4東南界牆斷面圖

2、出土遺物
（1）文化遺物

　　本坑出土之文化遺物主要有青瓷、青花瓷、硬陶、釉陶、褐色釉瓷、磚等（表十四），數量少，多為碎片，大部份很難辨認器型或部位，僅能選取若干較能具體描述的標本進行簡單的描述。選擇的原則以能看得出部位或器形的陶瓷片為主，盡可能考慮不同的胎土色、胎厚度、不同部位、不同器型、不同釉色及施釉粗細度等。以下針對各層位各類文化遺物之種類、數量、分布狀況、特徵進行說明。

　　A、青瓷：本坑瓷類標本以青瓷較多，數量12，重量為53公克，多出土於表土層，可見口緣及腹片。青瓷片多無紋飾，釉色主要為灰青色及橄欖綠。器型以小型器為主，釉之玻璃質強，口緣多半為侈口。除一片刻花瓣紋口緣標本胎質較佳，其餘胎質及製胎方式粗糙，胎土中有許多雜質，胎壁厚度差異不大，平均為3-4mm之間，以編號NAC4010P111青瓷標本為例（圖九：2），可能為碗或碟的口緣，與本坑所出土的其他青瓷片比較，胎質細，色白，但仍有不少雜質及孔隙，施灰青色釉，玻璃質強，釉薄，器表刻畫有花瓣狀紋，器裡面刻有一圈弦紋，年代估計應為清代。

　　B、青花瓷：出土 3件，總重量為11公克，皆在表土層出土，可見口緣及底部，本坑出土的青花瓷都為碎片，其中一片標本編號為

42

NAC4010P107（圖版四十三）在口緣上施有山水紋飾，其外觀特徵為胎色白中帶土黃，胎土含雜質多，燒製不良，氣孔甚多，釉厚，玻璃質強，釉層中小氣泡甚多，釉色灰青；器壁厚3.12mm，口緣外侈，推測應為小型容器。

C、硬陶：本坑發掘出土陶類標本以硬陶類數量較多，共28片，總重約236公克。文化層下半部出土量較多，可以辨認的部位以腹片最多。普遍而言胎壁較薄，以0.3-0.6公分居多，推測其原器型應不會太大。部份器表塗化妝土，大多無紋飾，極少數胎色為暗赤褐的胎壁較薄，略有凸出弦紋；從口緣及器底部推測屬於中小型器的可能性較大，多為侈口。器表主要為灰色、灰黃橙、米白、灰青色，而橙色、暗赤褐色數量較少；灰色、灰青色的硬陶係在空氣較不流通的設施，或胎土本身所含鐵質不多所燒製的結果；而橙色、暗赤褐等硬陶主要在提供氧氣較多的設施下所燒製而成的。另有少數硬陶顏色為米白（灰黃），應為胎土原來的顏色及器面施塗化妝土之故。整體而言，本坑硬陶之燒製程度大多不佳，從碎片斷面之胎質觀察可見許多氣孔，胎土中含砂量都很高，製作方式大多簡易粗疏。

以編號NAC4020P120硬陶標本為例，可能為缽或罐的口緣（圖九：1），頸厚度5.24mm，重量為13.7公克，口緣外侈呈三角形，中有凹入，與民間普遍使用的盛裝醬菜類食物的容器相似。胎土灰白，含沙量多，其中夾雜石英，胎土質粗，燒窯程度不佳，目前所見部位無釉，年代約為清末。編號NAC4030P018（圖版四十四）硬陶標本為器底部，未見圈足，器表顏色為灰黃橙；壁厚度4.77mm，重量為15公克，內胎並未燒透，呈黑灰色；而胎土灰黃，含沙量多，胎土質粗，燒窯程度不佳，目前所見部位無釉，年代約為清末民初。編號NAC4030P039硬陶標本（圖九：3），應為容器之底部，平底，底部多含沙、碎貝、石英。器表顏色為橙色，器壁色較黑。壁厚度5.03mm，重量為15.2公克，以胎的硬度看來其燒窯程度尚可，年代約為清末民初。編號NAC4030P033硬陶標本（圖九：4），應為容器之繫耳，胎土表面有施化妝土，胎土品質及燒製程度良好。

D、釉陶：本坑出土僅3件，總重30公克。胎壁厚度中等（介於4.05-4.89mm之間），夾砂成份高，胎質粗，中間大多沒有燒透，施釉不均（或剝落），釉色為橄欖灰及醬褐色，內外壁施釉者皆有，器底不施釉，口緣為侈口，器型應為中小型。以標本編號NAC402P157為例（圖版四十五），褐色釉，胎質燒製硬度中等（3-4度），夾有石英及碎貝，胎色灰，

器壁厚度為8.21mm，應為器腹片，內壁有規則凸出的圈紋，應為轆轤拉坏的痕紋，年代應為清末到民初。

　　E、褐色釉瓷：出土二件，重量為5.6公克，出土在文化層下半部。以編號NAC4030P034（圖版四十六）標本為例，胎白，單面施黃褐色釉，由於燒製方式或胎土不佳，明顯可見許多氣泡。施釉面刻有二圈弦紋。年代估計應為清代。

　　F、磚瓦：本坑出土磚片共計5件，總重181公克。這些磚片的厚度都不厚（1公分以內），邊緣多經滾磨，整體而言色澤及材質很一致，均為陶土燒製而瓦面呈橙紅色，夾雜有碎貝及石英。由於各地開始燒製磚片的時間很早，燒製技術長期以來並無太大改變，很難判斷其年代，若根據本坑其他伴隨出土的文物年代加以判斷，應可推測其為清末到民國年間所製作的。

（2）生態遺留

　　A、陸生動物：本坑出土之獸骨總重量為4.3公克，多為碎骨，無法分辨種屬。

　　B、水生動物：本坑出土之貝類的種類經鑑定有十四種，總數為90件，總重量為300.35公克（表十五、表十六），其中百分之七十分佈於表土層，且種屬較多，分佈量最多的三種貝類為黑瘤蟹守螺、草蓆鐘螺及珠螺皆產於岩礁海岸的潮間帶。以下說明本探坑出土貝種、特色及分佈狀況（表十五）：

　　1.黑千手螺 *Chicoreus brunneus* (Link)：貝殼有三條縱柱及多數的縱柱列刺，殼口收縮，橫肋粗重而稀少，高約7公分。2.阿拉伯寶螺*Cypraea (mantritia) arabica*(Linne')：本坑出現的此類貝高約7公分。3.漁舟蜑螺 *Nerita albicilla Linnaeus*：殼表有不明顯的螺肋,有斑紋,殼徑約3cm.產於岩礁海岸，當地俗稱畚箕螺。4.芝麻螺*Planaxis sulcatus* (Born)：高約2cm,外形類似玉黍螺,密佈螺肋,殼口內唇白色，地俗稱香螺；根據當地居民敘述，這是他們經常食用的貝類。5.長方赤旋螺*Pleuroploca trapezium* (Linn'e)：有顯著的螺肩瘤.高約5.5cm.，本坑的標本較長,約 8cm。6.細紋蜑螺*Nerita undata Linnaeus*：殼徑約3cm，有細螺肋，棲息於岩礁海岸，當地俗稱甜螺、苦杯。7.草蓆鐘螺*Monodonta labio* (Linnaeus)：殼接近卵形，殼內有珍珠光澤，高約2.5cm，產於岩礁海岸的潮間帶。此類貝殼在

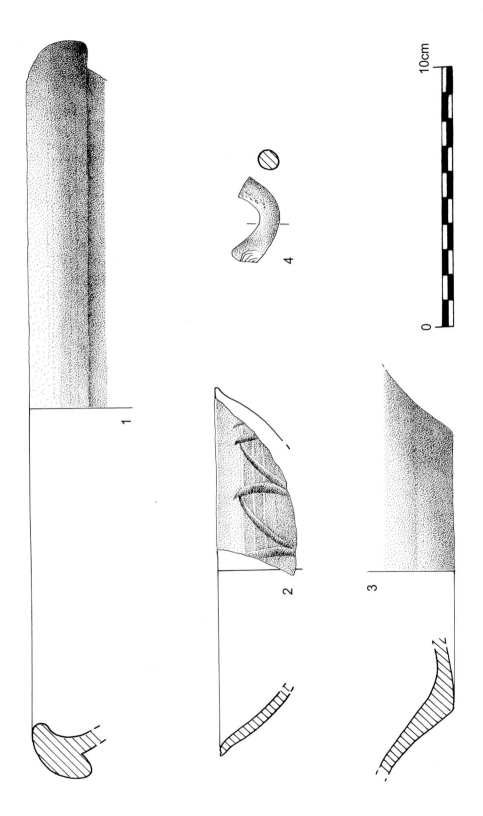

圖九：內按C遺址TP4出土遺物

1.硬陶容器口緣；2.青瓷碗型器；3.硬陶繫耳；4.硬陶罐底

10cm

0

本坑出土重量佔第三位，總重43.2克，數量為第二位（22.22%）共20個，目前當地居民仍有採食。多分佈在表土層及文化層。8. 紅嬌鳳凰螺 *Strombus luhuanus Linnaeus*：螺塔低，殼口粉紅色，內唇黑色，約5cm高，可食，貝殼作工藝用，有螺肋和不甚明顯的粗縱肋，殼底白色，約2.5cm,本。9. 珠螺、遛珠螺*Lunella coronata* (Gmelin) & *Lunella granulata* (Gmelin)：兩種貝的殼徑約3cm，產於岩礁海岸，口蓋厚而圓凸，後者突瘤甚發達。此兩種貝常被人混淆，當地俗稱珠螺。此類貝殼在本坑出土重量佔第二位（14.46%），總重43.5克，數量為第三位共14個，多分佈在表土層，目前當地居民仍有採食。10. 黃斑氯螺*Chlorostoma xanthostigma* (A.Adams)：殼頂及側面寬，殼體比率扁平，口內唇有牙齒，約2cm高，待重新鑑定。11. 黑瘤蟹守螺*Cerithium carbonarium Philippi*：殼表有黑色的粗瘤列，殼高約3 cm，產於全省各岩礁海岸或礫石海岸，當地俗稱鴨母螺，目前澎湖當地居民仍在食用。此類貝殼是本坑出土數量及重量最多的一類，共有33個，總重84.9克，其中分佈在表土層最多，計有22個之多。12. 高腰蠑螺*Turbo stenogyrus Fischer*：有粗螺肋，口蓋圓凸，高約4cm，產於岩礁海岸淺海底，我們標本較大，當地俗稱虎螺。13. 粗紋蜑螺 *Nerrita undta Linnaeus*：有細螺肋，殼口黃白色，殼徑約3cm，產於全省各岩礁海岸。14. 球蝸牛*Acusta tourannensis* (Souleyet)：陸生貝類，淡褐色半透明，殼徑約1.5cm。

3、年代

　　本探坑TP4共檢送2件木炭標本，皆出土於文化層，委請美國Beta Analytic Inc.進行碳十四加速器微量定年分析（AMS, Accelerator Mass Spectrometry）。樣本一編號為NA-C003，實驗室編號為Beta -168745，深度為地表下14公分，測定年代經校正為A.D. 1460－1660（約當明初至清初）；樣本二編號NA-C004，實驗室編號為Beta -168746，深度為地表下13公分，測定年代經校正為A.D. 1180－1290（約當南宋至元初）（表十三）。由於本坑所伴隨出土的文化遺物據判斷皆沒有早於清代中葉，所測定之年代偏早，因此可採用的程度並不高。

表十三：碳十四年代測定資料表

標本暨實驗室編號	坑 位	出土深度	定年材料	測定年代	校正年代 1 sigma	校正年代 2 sigma
NA-C003/ Beta-168745	TP4	距地表下 14公分	木炭	B.P. 320±40	A.D.1500-1640	A.D.1460-1660
NA-C004/ Beta-168746	TP4	距地表下 13公分	木炭	B.P.790±40	A.D.1220-1270	A.D.1180-1290

4、小結

　　本坑出土之文化遺物主要包括硬陶、釉陶、青花瓷、青瓷等，這些陶瓷片大多為碎片，年代上較難精確判斷，以較為大片的陶瓷片來看，年代大多為清代，瓷片多分佈在表土層；文化層及表土層出土的瓷片在年代上並無明顯差異，以製作方式看來均為民間日常生活用品；雖從以前的研究文獻及相關考古遺址報告內垵地區所出土的文物有早自唐、宋時代，但本探坑並無早於清代的瓷片，文化層的厚度僅約20公分，除表土層外，生土層大部份皆為風化岩，沒有任何遺物；文化層遺物分佈的情形並無特定現象，貝殼分佈很零星，並有近代塑膠片，故本探坑應為近代擾亂的堆積。

　　另從界牆斷面可觀察出文化層的堆積並不連續且厚度不一，（請參見圖版四十一和四十二），磚片部份邊緣皆有滾磨的痕跡，硬陶種類雜多、細碎且相關性低，瓷片也多細碎。綜合以上現象看來，推測本坑可能為二次堆積的地區之可能性不低。或是因為早期農耕的習慣，將當時各種居屋外圍的丟棄物混合（其中包括廢棄的陶瓷碎片）在一起以作為耕作肥料，日久之後沉積於耕田地表而形成堆積層。但根據發掘後我們在當地所進行的口訪資料，農民們表示他們近代（約近百年）並沒有這樣的耕作習慣，是否更早以前有此習慣目前無法得知。此外本坑地理位置較接近現代聚落，距離早期發展的聚落較遠。但在TP1、TP3、TP5、TP6皆出土宋元明瓷片，且各坑出土之文化遺物及貝類無論在種類及數量上都比本坑多很多。若本坑為二次堆積，其形成原因可能是耕作墾殖過程中翻土行為所致。

表十四：內垵C遺址TP4出土陶瓷類統計表

器類/層位	青花瓷		青瓷		硬陶		釉陶		褐色釉瓷		磚		棄		總件數	總重量(g)
	件	重	件	重	件	重	件	重	件	重	件	重	件	重	件	重
L1	3	11	8	37	3	41					1	31	1	1.1	16	121.1
L2			4	16	25	195	3	30	2	5.6	4	150	4	26	42	422.6
L3																
總計	3	11	12	53	28	236	3	30	2	5.6	5	181	5	27.1	58	543.7
百分比(%)	5		20		48		5		3		8		8			

L1:表土層; L2:文化層; L3:生土層；棄：太細碎無法辨識陶瓷類別

表十五：內垵C遺址TP4出土貝類種屬件數統計表

貝類/層位	0	1	3	4	6	9	13	16	20	22	24	25	28	34	36	總數
L1	*	1		8	1	1	1	10	1	1	9	2	22	2		59
L2			1	3				10			5		11		1	31
L3																0
總計	*	1	1	11	1	1	1	20	1	1	14	2	33	2	1	90
百分比(%)		1	1	12	1	1	1	22	1	1	15	2	36	2	1	

L1:表土層; L2:文化層; L3:生土層 * 殼體太小無法辨認種屬；種屬代號請參見表三十

表十六：內垵C遺址TP4出土貝類種屬重量統計表

貝類/層位	0	1	3	4	6	9	13	16	20	22	24	25	28	34	36	總重量(g)
L1	3.5	16.2		21.5	2.7	11.4	2.5	23.5	13.9	2.8	21.4	13.5	57.5	18.8		209.2
L2			11.6					19.7			22.1		27.4		1.8	82.6
L3																0
總計	3.5	16.2	11.6	21.5	2.7	11.4	2.5	43.2	13.9	2.8	43.5	13.5	84.9	18.8	1.8	291.8

L1:表土層; L2:文化層; L3:生土層；種屬代號請參見表三十

（四）TP5

TP5為一正南北向1m×2m之探坑，西南側33公尺處為TP3、南側30公尺處為TP4，而西側27公尺處則有一座漢人墓葬（參見圖版七）。本坑發掘時間自九十一年五月十日至十二日，前後共計3日。本坑發掘前的地勢由北向南緩傾，土質主要為砂質壤土。經由發掘結果，發現出土文化遺物之地層，依土質土色之差異共可分二層，但根據初步分析判斷各層之文化遺物，不論在器物之器形、質地、色澤、燒造技術等特徵上，顯示相當高之一致性，當屬於相同之文化堆積，因而將此二層文化遺物堆積分別命名為文化層上、下層。茲將各層位堆積現象（圖十，圖版四十七、圖版四十八）與出土遺物敘述如下：

1、層位堆積

（1）表土層（地表下0至20公分）：厚約20公分，暗灰黃色砂土（dark grayish yellow，2.5Y 5/2）。出土瓷片、硬陶、釉陶、磚瓦、螺貝及若干珊瑚礁塊，其中以硬陶、釉陶之出土量居多，並未發現近代擾亂物。

（2）文化層上層（地表下20至32公分）：本層為貝塚層，灰黃褐色砂質壤土（grayish yellow brown，10YR 6/2）。與表土層的暗灰黃色砂土相較之下，本層土質與土色開始出現變化，土質黏性較高，硬度較大，而土色亦較深。地表下25公分處，貝類之出土量明顯增加，推判應為貝塚層。探坑的北半部土質較硬、土色較深且貝類量也較南半部為多，此外，也發現五件獸肢骨、一件獸牙、二件魚類脊椎骨及一件無法判辨部位之獸骨殘塊。出土的文化遺物包括：青花瓷、青瓷、硬陶、釉陶、磚瓦與一件史前陶片（素面夾砂紅陶）及二件石器（一件玄武岩石網墜及一疑似砂岩砥石）。

（3）文化層下層（地表下32至52公分）：本層為橄欖褐色砂質壤土（olive brown，2.5Y 4/3）。本層土質依然相當黏硬，探坑北半部土質風化程度較南半部大，土色較南半部深，而所出土的螺貝量亦較南半部為多。本層出土遺物已明顯減少，所出土之文化遺物計有：青瓷、硬陶與釉陶，而生態遺留則有一件獸骨（牛科動物牙齒）、螺貝及珊瑚礁塊。本層至地表下40公分以下，不見任何文化遺物。本層由於自然堆積現象（土質及土色）與上層不同，因此區分為不同之層次，惟由其出土之文化遺物，如：青瓷、硬陶、釉陶等陶瓷遺物之燒製技術、形制、質地等特徵具有高度一

致性看來，應與上層同屬一文化之不同層次。

（4）生土層（地表下52至90公分）：本層為橄欖黑色砂質壤土（olive black，5Y 3/2），風化程度嚴重，多黏硬集結成塊（坑南半部較北半部為嚴重），且間或含有鐵質。本層出土遺物已非常稀少，僅發現二件青瓷、一件硬陶及一件磚瓦（可能是由上層侵入）。至地表下60公分處，於探坑的東南端發現一風化石塊，其附近土色呈橙紅色。至地表下70公分處，土色變深呈橄欖褐色（olive brown，2.5Y 4/4），風化程度嚴重，黏結成塊。此時已幾乎不見遺物，因此僅發掘探坑南半部1m×1m的部分，至地表下80公分處，於坑的東南端發現一件硬陶（可能自上層掉落下來的）。至地表下90公分處，已完全未見任何遺物，並且露出原地層礫石，判斷已為生土層。因此，結束本坑發掘工作。

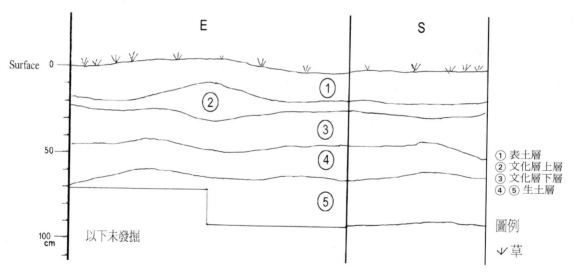

圖十：內埤C遺址TP5東南界牆斷面圖

2、出土遺物

本坑出土之文化遺物主要有：青瓷、青花瓷、硬陶、釉陶、磚瓦、史前陶、石器等以及水生動物（貝類、魚類脊椎骨）、陸生動物（牛科動物牙齒及不明動物種屬之肢骨）等生態遺留。茲分類敘述如下：

（1）文化遺物

A、青瓷：本坑共出土16件，總重量為91公克（表十七）。計有腹片7件、口緣6件、底部3件。本坑出土的青瓷釉色以灰色釉、灰橄欖色釉、橄

欖黃色釉等為主，亦見渾黃色者。底胎則多呈灰白色、灰色、灰橄欖色、黃橙色；而器表紋飾以弦紋為主。依其腹片、口緣（圖十一：1）、底部（圖十一：2）之形制來看，此類遺物的器型計有：盤型器、碟型器、缽型器、盞型器等。其中於表土層出土二件青瓷底部及一件口緣，器底中一件釉色為灰色（圖版四十九），另一件則為灰橄欖色（圖版五十），而口緣釉色則為渾黃色（圖版五十一），三者胎色均呈黃橙色，冰裂紋細密，前二者經鑑定應為明代遺物，後者則為元代遺物。另於文化層上層出土一件青瓷口緣（圖版五十二），器表施灰色釉，底胎為白色，色澤溫潤，質地細緻，可見其燒造技術之精良，經鑑定應為清代遺物。綜而言之，本坑青瓷的年代經鑑定有元、明、清各時期。

　　B、青花瓷：本坑共出土青花瓷5件，總重量為15公克，計有腹片2件、口緣2件、底部1件（表十八）。器表多施灰白色釉、明橄欖灰色釉，胎色則多呈灰白色；而器表紋飾有圈點紋（圖十一：3）及線紋。因所出土的青花瓷片均碎小，除判別出有盞型器（圖版五十三）、碟型器外，難以辨識出其他器型。其中於表土層出土一件口緣（圖版五十四），因所含石英成分高，玻璃化程度嚴重，故器表光澤度大，且沿口緣處內外側均施塗一圈鈷藍，經鑑定應為現代遺物。此5件青花瓷雖然都出土於表土層，經鑑定有明、清及日治時期之遺物，推判可能是經過擾亂所造成的結果。

　　C、硬陶：本坑共出土53件，總重量為585.4公克（參見表十七），計有腹片42件、口緣4件、底部6件、蓋1件（圖版五十五）。此類遺物為本坑出土遺物中數量最多者，以表土層及文化層上層分佈最為密集，共出土46件。所出土硬陶均為素面陶，器表未施任何紋飾。器表外壁色以褐、灰白、灰、灰黃橙等色為主，內壁色則有灰白、灰褐、灰、橙等色，底胎則有灰白、灰黃橙、灰褐、灰橙、橙、暗橙等色。在腹片內壁，可見規則之圈紋，應是轆轤拉坯之痕紋。其中於表土層出土一件斂口口緣殘片（圖十一：4），由其形制推判，應為甕型器之口緣。此外，於文化層下層出土一罐型器口緣（圖十一：5），其內側明顯可見蓋子蓋合處之軌痕，應為一有蓋罐型器之口緣。器底部則有圈足底、平底等形制。依其口緣、腹片、器底、蓋等部位形制看來，此類遺物有罐型器、甕型器等。

　　D、釉陶：本坑共出土15件，總重量為162公克（參見表十七），計有腹片11件、口緣1件、底部3件，其中11件分佈於表土層及文化層上層。器表施以黑褐、灰褐、灰白、淺黃橙等色釉，底胎則有灰白、橙、淺黃橙等

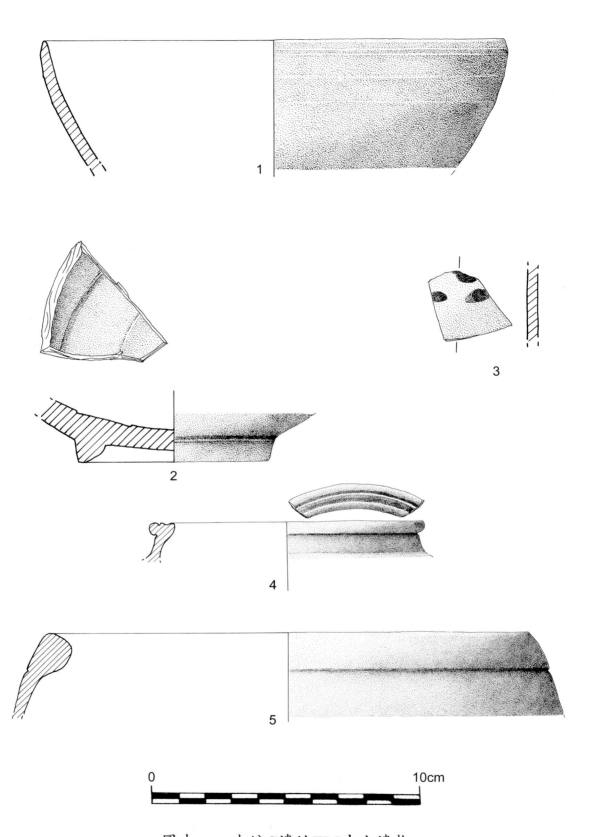

圖十一：內垵C遺址TP5出土遺物
　　　1.青瓷口緣；2.青瓷圈足；3.青花瓷腹片
　　　4、5.硬陶口緣

色。在腹片內壁中，可見轆轤拉坯之圈紋。由此類遺物出土腹片施釉於器內部看來（圖版五十六），較可確定的器型為碗型器。本坑出土的釉陶經鑑定多為清末民初之遺物。

E、磚瓦：本坑共出土7件，總重量為193公克（參見表十七），顏色均呈橙紅色，其中6件分佈於表土層及文化層上層。因磚瓦未具有明顯之時間性特質，所以難以鑑定其所屬年代。

F、史前陶：本坑僅出土1件，分佈於文化層上層，重量為3.4公克（參見表十七）。此件史前陶片為夾砂紅陶（圖版五十七），經切片分析得知，器表夾雜細小之玄武岩及石英岩結晶粒。

G、石器：本坑於文化層上層所出土的3件石器，其中一件為砥碼型網墜（圖版五十八），長3.2公分，寬5.公分，厚1.2公分，重量為31.9公克，玄武岩質，此類遺物常見於澎湖史前遺址，如：菓葉A、鎖港（圖版五十九）、赤崁頭、南港等遺址，均出土此類網墜；而另一件為石核器（pitted cobble），玄武岩質，長5.4公分，寬8公分，厚2.3公分，重137.8公克（圖版六十），類似澎湖內垵C遺址、菓葉A遺址出土之石核器（圖版六十一）（臧振華，1992：439），此外，尚有一件疑似砥石（圖版六十二），長2.8公分，寬6.2公分，厚1.8公分，重45.6公克，砂岩質。

（2）生態遺留

A、陸生動物：本坑共出土8件，總重量為5.8公克，集中出土於文化層上層，主要包括：牛科動物牙齒，另有無法判辨種屬之獸類肢骨、牙齒及不明部位之殘骨（圖版六十三），其中在獸類肢骨上，有砍砸與火燒之痕跡。

B、水生動物：本坑共出土24件，其中包括九個不同種屬的貝類共22件，總重量為98.9公克，以及魚類脊椎骨2件（圖版六十四），總重量為2.6公克。貝類之類別（參見表三十）有：漁舟蜑螺（*Nerita albicilla* Linnaeus）、細紋蜑螺（*Nerita undata* Linnaeus）、角岩螺（*Thais tuberosa* Roeding）、草蓆鐘螺（*Monodonta labio* (Linnaeus)）、焦黃峨螺（*Cantharus fumosus* (Dillwyn)）、珠螺科（*Lunella coronata* (Gmelin) & *Lunella granulata* (Gmelin)）、黃斑氯螺（*Chlorostoma xanthostigma* (A. Adams)）、黑瘤蟹守螺（*Cerithium carbonarium* Philippi）、黃/白齒岩螺（*Drupa ricinus* (Linnaeus)）。其中珠螺科、草蓆鐘螺、黑瘤蟹守螺三類，

經口訪澎湖當地居民得知，目前仍為其食用之貝類。

3、年代

　　本坑並未檢送標本進行碳十四測年，因此，有關其年代問題僅能就出土文化遺物的形制、質地、色澤、燒造技術等特徵，來加以比較推斷。綜觀本坑所出土的文化遺物主要包括青瓷、青花瓷、硬陶、釉陶、磚瓦、史前陶、石器等，其中史前陶及石器夾雜出土於其他歷史文物之中，可能是擾亂所致。而有關硬陶類與磚瓦類遺物，因此二類器物在歷史上所出現的年代持續長久，形制上亦未具有明顯之時代特質，所以很難能夠作為斷代之用。至於釉陶及瓷類遺物所出土者均為碎小殘片，對於復原器型之推判，實有其困難之處，因此必須配合遺物的其他特徵，如：質地、色澤、燒造技術等來加以鑑定其所屬年代。依據本小組成耆仁博士之鑑定結果，本坑所出土之青瓷的年代最早可溯及元代，青花瓷之最早年代則為明代，而釉陶年代最早者為清末民初的遺物。綜上所述，本坑由出土遺物來推判，其年代最早似可推溯至元代。

4、小結

　　本坑所出土之遺物計有：青瓷、青花瓷、硬陶、釉陶、磚瓦、史前陶、石器等，由其層位堆積情形明顯可見，上述各類遺物均集中分佈於表土層及文化層上層。但史前時期陶片與歷史時期陶瓷片同時出現於文化層上層，元代瓷片與民初時期瓷片一起出土於表土層，顯示本坑層位曾遭擾亂，此外，由生態遺留如各種貝類、動物骨骸，以及伴隨出土的採食工具，如網墜等，推判當時人類以海洋資源為主要食用對象，漁撈應為其主要生業型態，並兼畜生畜。至於本坑的年代問題，已如上節所述，因欠缺碳十四年代定年，僅能就出土遺物之相關特徵加以判斷，經鑑定結果，其最早的歷史時期年代，應可推溯至元代。

　　綜上所述，由本坑之出土遺物與年代，適與元代汪大淵所撰之《島夷志略》所記載「…有草無木，地瘠不宜禾稻，…煮海爲鹽，釀秫爲酒，採魚、蝦、螺、蛤以佐食；熱牛糞以爨，魚膏爲油，…山羊之孳生，數萬爲群，家以烙毛刻角爲記，晝夜不收，多遂其生育。工商興販，以樂其利…」，當時漢民以漁撈爲主要生業型態，並兼畜養之描述相互吻合。

表十七：內垵C遺址TP5出土陶瓷類統計表

器類/層位	史前陶		青花瓷		青瓷		硬陶		釉陶		磚瓦		棄		總件數	總重量(g)
	件	重	件	重	件	重	件	重	件	重	件	重	件	重	件	重
L1			5	15	7	32	18	355	8	80	4	37	3	23	45	542
L2	1	3.4			5	16	30	189	5	61	2	145	6	62	49	476.4
L3					2	21	4	39	2	21					8	81
L4					2	22	1	2.4			1	11			4	35.4
L5																
總計	1	3.4	5	15	16	91	53	585.4	15	162	7	193	9	85	106	1134.8
百分比(%)	0		4		15		50		14		6		8			

L1:表土層; L2:文化層上層; L3:文化層下層; L4、L5:生土層; 棄：太細碎無法辨識陶瓷類別

表十八：內垵C遺址TP5出土陶瓷類部位統計表

器類/部位	史前陶	青花瓷	青瓷	硬陶	釉陶	總計
腹片	1	2	7	42	11	63
口		2	6	4	1	13
底		1	3	6	3	13
蓋				1		1
總計	1	5	16	53	15	90

（五）TP6

　　TP6發掘時間自九十一年五月十日至五月十二日，前後共計3日，現為休耕地，地表雜草叢生（圖版六十五），其東現為花生田，地勢西側高而漸向東傾斜，其東北側5公尺處為TP3，西側距TP1約10公尺。經初步地表調查採集有：貝類、夾砂陶片、瓷片（有黑釉）、及磚塊等。而經由發掘結果，發現出土文化遺物之地層，依土質土色之差異共可分二層，但根據初步分析判斷各層之文化遺物，不論在器物之器形、質地、色澤、燒造技術等特徵上，大都相當一致，應屬於相同之文化堆積，因而將此二層文化遺物堆積分別命名為文化層上、下層。茲將各地層堆積情形（圖十二，圖版六十六、圖版六十七）及出土遺物分述如下。

1、層位堆積

　　（1）表土層（地表下0至20公分）：鬆散橄欖褐色砂質壤土（olive brown，2.5Y 4/3），富含植物根部，出土大量貝類、夾砂陶片、瓷片以及磚塊等。

　　（2）文化層上層（地表下20公分至34公分）：橄欖褐色砂土（olive brown or dark grayish yellow，2.5Y 4/3-4/2）仍有石塊及植物根部侵入，出土大量貝類，遺物以硬陶、瓷片為主，另有磚塊以及少量獸骨出土。除東北角之外，出土遺物以貝類居多，較特殊之處為出土北宋仁宗年間的「天聖元寶」完整銅錢一枚（圖版六十八、圖版六十九）。因有大量貝類出土，故自地表下30公分開始，先行挖掘探坑東北角50cmX50cm之範圍，完全收集出土之貝類，以作為統計的抽樣樣本（圖版七十）。

　　（3）文化層下層（地表下34公分至70公分）：橄欖褐色砂質壤土（olive brown or brownish black，2.5Y 4/3-3/2），出土文化遺物以陶片、瓷片、磚塊為主，另有貝類及獸骨。本層出土一完整橢圓形紅陶網墜（圖版七十一），以及長條形疑似鐵器物（圖版七十二：1、2），另外亦出土一磨痕之砂岩砥石（圖版七十三、圖版七十四），與北宋仁宗年間「景祐元寶」殘件。文化層下層貝類出土量逐漸減少，有少量陶片、瓷片、磚塊等，西南角為風化岩，在探坑北半部出現大石塊，圈圍成一半圓形，但因土色及土質並未明顯改變，故無法推測是何種遺跡遺存（圖版七十五）。因出現風化岩盤，且出土遺物減少，文化層似已結束，故僅改以挖掘探坑之北半部1mX1m 部分。本層原先由於其自然堆積現象（不同之土質與土

色），與上層區隔為不同層次，但對其出土之文化遺物之分析顯示，其器物組合與各類陶瓷遺物如：青瓷、黑瓷、硬陶、釉陶等之質地、形制及燒造技術等特性具有頗多一致性來看，應與上層屬於同一文化之不同層次。

（4）風化岩層（地表下70公分至100公分）：渾紅褐色風化岩（ dull reddish brown or dark reddish brown，2.5YR 4/4-3/2），僅挖掘探坑之北半部1mX1m，在東南角出現白色黏土，另雜有褐色風化土，深度至地表下約100公分已完全無遺物出土，故決定停止發掘。

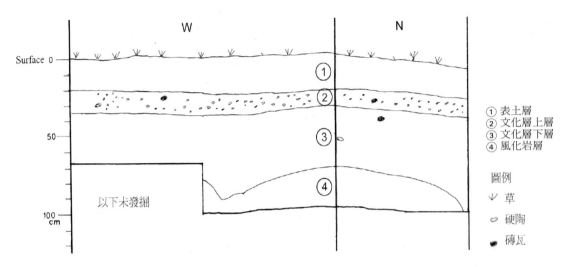

圖十二：內垵C遺址TP6西北界牆斷面圖

2、出土遺物

本坑出土之文化遺物主要為：白瓷、青花瓷、青瓷、硬陶、紅陶網墜、黑瓷、釉陶、磚等（表二十，表二十一）；生態遺留則有：貝類（表二十二）、陸生動物（牛骨及不明獸骨）以及水生動物（鯊魚骨、龜骨及魚骨等）（表二十三）。茲將各類文化遺物、生態遺留狀況分述如下：

（1）文化遺物

A、白瓷：計有腹片2件、瓷杯底部1件（圖十三：4，圖版七十六、圖版七十七），總重量為9.1公克。內、外壁施以白釉，均為白胎，厚度約為3-4mm，但其上未見紋飾。

B、黑瓷：計有腹片3件、口緣3件、底部9件，總重量為96.9公克。其中12件遺物集中在文化層上層出土，胎厚，斂口，多數在器物內側施以黑釉彩，口緣處則內外側均有釉彩，器底類型有平底、圈足之分（圖版七十

八、圖版七十九）。惟殘片尺寸較小，無法判定可能器型。

　　C、青瓷：計有腹部37件、口緣42件、把手1件（圖十三：6，圖版八十、圖版八十一）、底部26件，總重量為718公克，其中78件出土於文化層上層。出土之青瓷片胎薄且質地細緻，內外均飾以釉彩，有粉青、橄欖綠、灰青、黃褐等色。部分器物在口部飾以橫紋，或有蓮瓣紋飾（圖版八十二）；有的在盤口飾以同心橫紋，底部未施以釉彩，而露出素燒赤陶（圖十四：2，圖版八十三、圖版八十四）。此外，在口緣方面，多數為侈口碗型，僅見一斂口瓷片（圖版八十五、圖版八十六）。在年代鑑定上，出土之青瓷多數製作品質精良，雖有宋瓷溫潤質精之趨勢，但實際年代可能並不早於明代。

　　D、青花瓷：二件皆為底部，總重量為17.5公克。在足部內外壁施以明橄欖灰或灰白色釉彩，二件均為灰白色胎，一件在斂口圈足外側接近腹部出現雙橫線青花釉彩（圖十三：5，圖版八十七、圖版八十八），另一件在底部有橫線飾紋。

　　E、硬陶：計有腹片130件、口緣17件、折肩1件、底部21件、蓋1件（圖十四：1，圖版八十九、圖版九十），總重量為1,606公克。有122件集中在文化層上層，依序向上及下層位遞減。在遺物中有數件外表平坦、內側滿佈拉坯痕跡之腹片（圖版九十一、圖版九十二），極符合陳信雄（1998）所稱為最具代表性之澎湖宋元陶瓷曾竹山陶瓶殘片。口緣多為厚胎侈口、平底器型，質地多數為夾砂陶片。由數件口緣為斂口，唇部內凸，另配合硬陶蓋部殘片出土，推測器型可能為有蓋罐型器。

　　此外，在文化層上層有一外形橢圓中空之完整紅陶網墜及殘片數件出土，質地粗製，作為漁具網墜使用。

　　F、釉陶：計有腹片20件、口緣17件、底部25件，總重量為456公克。其中文化層上層出土53件，占總數的百分之八十五以上，其餘分散在各層間。器型多為斂口類型，少部分為侈口帶唇，為泥胎，內側飾以黑褐、灰褐、淺黃橙、明褐等釉彩，但陶胎之厚薄差異頗大，由3mm至10mm不等；底部有圈足（圖十五：1）及平足之別。

　　G、鐵器：在文化層上層出現鐵器2件，重量為10.4克及7.3公克，惟兩者均已鏽蝕，器型不明，無從判定為何種類型器物（參見圖版七十二：1、2）。

　　H、銅錢：在文化層上層出土銅錢兩枚（圖十五：2、3），一為完整

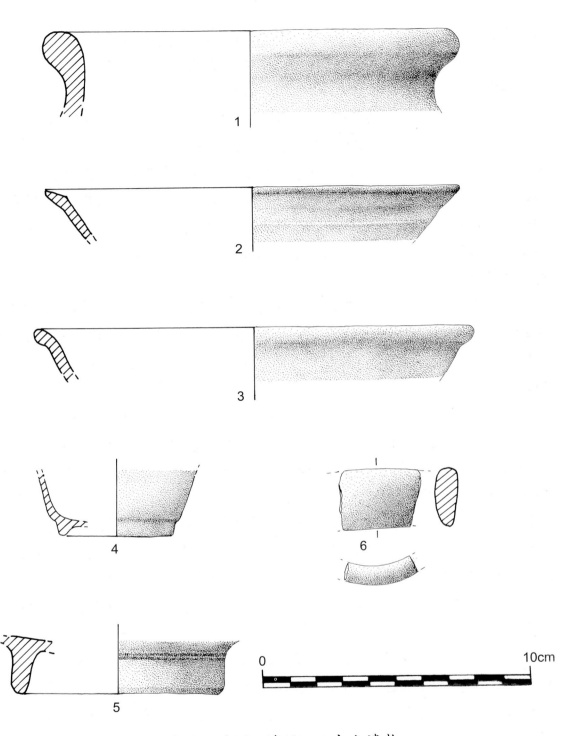

圖十三：內垵C遺址TP6出土遺物
1.釉陶口緣；2、3.青瓷口緣
4.白瓷杯殘件；5.青花瓷圈足；6.青瓷繫耳

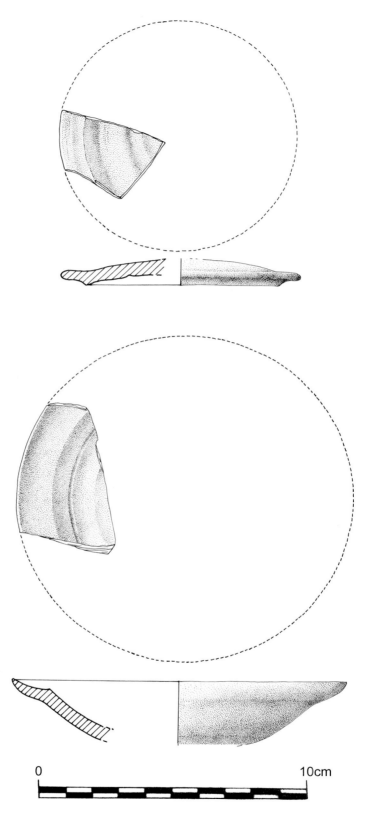

圖十四：內埔C遺址TP6出土遺物
1.硬陶蓋；2.青瓷碟型器

銅錢，重量為5.3克，上有鏽蝕之模糊識紋，經比對辨識應為北宋仁宗年間「天聖元寶」（仁宗天聖元年，西元1023年）字樣（參見圖版六十八：右）；另一為銅錢殘件，重量為3.2公克，其上隱約可見「景、寶」識紋兩字，經比對推測為北宋仁宗年間之「景祐元寶」（仁宗景祐元年，西元1034年）殘片（參見圖版六十八：左）。

I、磚瓦：本坑出土之磚瓦共9件，總重量為540公克，集中出土於表土層與文化層上層，顏色均為橙紅。

（2）生態遺留

A、陸生動物：經辨識為牛骨5件及不明獸骨31件。多數集中在文化層上層，另在表土層及文化層下層分別有1件遺物出土。較為特殊之處在於文化層上層出土的獸骨上，部分出現有火燒或切砍痕跡。

B、水生動物：本坑出土水生動物遺留包括貝類和魚骨。有鑑於本坑貝類出土數量可觀，可以做為本遺址出土貝類的抽樣樣本，因此本坑自文化層上層開始，即以探坑之東北角50cmX50cm範圍，完全收集出土之貝類，作為抽樣標本使用，故統計表所出現之數量及重量，僅只限採樣範圍之內。出土貝類總計2,826件，總重量為7,324.9公克。整體而言，以文化層上層出土為主，共計2,727件，占總數百分之九十六；若以種屬而論，則以黑瘤蟹守螺（*Cerithium carbonarium* Philippi，俗名鴨母螺，殼表有黑色的粗瘤列，殼高約3cm），草蓆鐘螺*Monodonta labio* (Linnaeus)，殼接近卵形，殼內有珍珠光澤，高約2.5cm），以及珠螺或稱遛珠螺（*Lunella coronata* (Gmelin) & *Lunella granulata* (Gmelin)，俗名珠螺，殼徑約3cm，口蓋厚而圓凸）等三種貝類為主體，合計數量約占總數的百分之八十四。此三類種屬均為可食性貝類，多生長於礁岸海岸、礫石海岸、或潮間帶等地區，由其數量之龐大推測應為澎湖地區居民飲食主要類別之一。

魚骨方面，經辨識為鯊魚骨5件、龜骨4件、各類魚骨84件，大多數均集中在文化層上層，此外表土層及文化層下層亦有零星遺物出土（參見表二十三）。其中，魚骨84件中，有脊椎骨、顎骨、刺等部位，總重量為35.8克。

3、年代

本坑TP6檢送一件出土自文化層下層的木炭標本，委請美國Beta

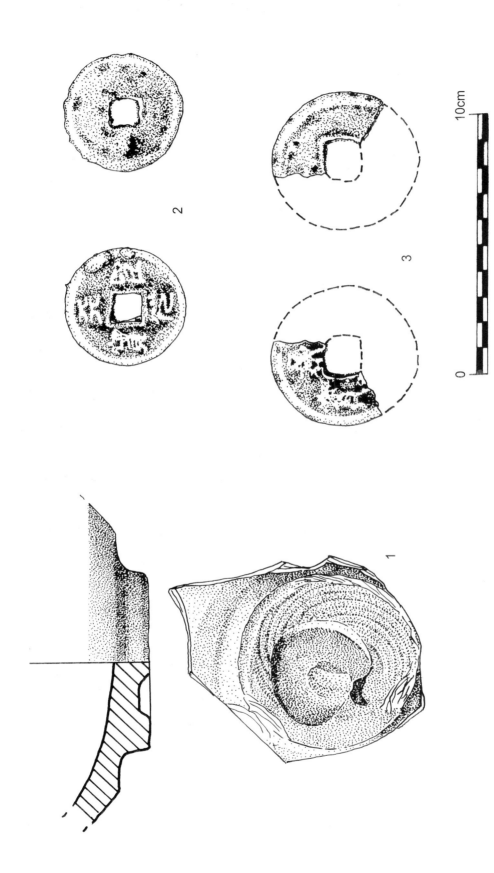

圖十五：內垵C遺址TP6出土遺物
1.釉陶碗底；2.天聖元寶；3.景祐元寶殘件

10cm

0

Analytic Inc.進行碳十四加速器微量定年分析（AMS, Accelerator Mass Spectrometry），所測定之年代經校正後為A.D.1240–1300，約當宋、元時期（表十九）。

表十九：碳十四年代測定資料表

標本暨實驗室編號	坑 位	出土深度	定年材料	測定年代	校正年代 1 sigma	校正年代 2 sigma
NA-C005/ Beta-168747	TP6	距地表下 50–60公分	木炭	B.P. 730±40	A.D.1270-1290	A.D.1240-1300

另由文化層上層分別發現銅錢兩枚，由已鏽蝕之識紋經辨識為北宋仁宗年間之「天聖元寶」（A.D. 1023–1031），及「景祐元寶」（A.D. 1034–1037），雖無法作為探坑直接定年之依據，但對於文化層年代之推定極具參考價值。

此外，依據陳信雄先生所言，澎湖各類宋元陶瓷之中，泉州瓷窯曾竹山陶瓶數量最多，分佈最為普及，產地和時代十分確定，為澎湖宋元陶瓷中最具代表性之器物，其陶瓶特徵為：細口、豐肩、修身、小足，口緣附近有一環施釉，外表平坦，而內表滿佈拉坯痕跡（陳信雄 1998: 115）。此一特質與本探坑文化層上層所出土之多數硬陶腹片極為吻合，可據此推測極可能為宋元時期之文化遺留。陳信雄先生繼而指出，澎湖所見青瓷多數產自福建各窯和浙江龍泉，或也有廣東的產品，但尚缺明確證據。其產自福建省，主要出自晉江、同安、莆田、連江、安溪、福清、德化等窯；出自浙江龍泉窯者，為龍泉之大窯、金村、溪口、安福、大白岸、安仁，及龍泉窯系的溫州等地（陳信雄 1998: 94）。本坑出土之瓷片因多數均碎小，而不易判定其年代、器形及窯口，惟其瓷胎質地精細，推測可能年代為元、明之際，但在形式表現上可看出有追求宋瓷質潤之趨勢。綜合上述，我們由碳十四定年、出土之銅幣識紋以及陶瓶腹片特徵等，大體上應可推定TP6的文化層年代約為宋、元時期。

4、小結

TP6發掘出土之豐富遺物，其中文化遺物以陶瓷為大宗，除了一些帶釉的瓷片外，另有不帶釉或施以少許釉彩之陶片，惟陶片較為零碎，不易

確定器型，僅能推測為碗、盤、杯、碟、瓶、缽等日用器皿。其中，較為特殊的是曾竹山陶瓶（或稱高瓶）的出現，其特徵為：細口、豐肩、修身、小足，口緣附近有一環施釉，外表平坦，而內表滿佈拉坯痕跡，係澎湖宋元陶瓷中最具代表性之器物。本坑文化層雖出土陶片、瓷片、磚瓦、鐵器、銅錢等文化遺物，以及貝殼、魚骨、獸骨（牛及不明獸骨）等自然生態遺留，惟因未見大型陶器之遺物出土，不足以支持說明該遺址為定居的聚落形態。另由陶網墜與大量貝類及水生動物等遺物的出土，則可說明當時的生業方式應以漁業類型為主體，而農業生產的直接證據並不顯著。

　　年代依據檢送的碳十四樣本顯示，經校正為西元1240－1300年左右，年代約為南宋至元代時期。此外，由文化層上層出土之銅錢，其由識紋可知為北宋仁宗年間之「天聖元寶」（A.D. 1023－1031）及「景祐元寶」（A.D. 1034－1037），對於本遺址文化層年代之推定極具參考價值。整體而言，年代約為南宋至元代時期。

表二十：內垵C遺址TP6出土陶瓷類統計表

器類/層位	白瓷		青花瓷		青瓷		硬陶		黑瓷		釉陶		磚		棄		總件數	總重量(g)
	件	重	件	重	件	重	件	重	件	重	件	重	件	重	件	重	件	重
L1	2	5.9	2	17.5	28	189	48	724	1	8.9	9	78	4	108	8	68.1	99	1199.4
L2	1	3.2			78	529	122	882	14	88	53	378	5	432	21	154.4	295	2466.6
L3																		
L4																		
總件數	3	9.1	2	17.5	106	718	170	1606	15	96.9	62	456	9	540	29	222.5	394	3666
百分比(%)	0		0		26		43		3		15		2		7			

L1:表土層; L2:文化層上層; L3:文化層下層; L4:風化岩層；棄:太細碎無法辨識陶瓷類別

表二十一：內垵C遺址TP6之陶瓷類部位統計表

器類/部位	白瓷	青花瓷	青瓷	硬陶	黑瓷	釉陶	總計
腹片	2		37	130	3	20	192
口			42	17	3	17	79
把			1				1
折肩				1			1
底部	1	2	26	21	9	25	84
蓋				1			1
總計	3	2	106	170	15	62	358

表二十二：內垵C遺址TP6出土貝類種屬統計表

貝類/層位	0	3	4	5	6	9	12	13	16	17	18	20	21	24	25	27	28	29	30	31	38	46	不明	總件數
L1	*							6	28			1	1		1									37
L2	*	1	67	9	16	1	3	112	739	114	1		1	564	95	2	996	3	1	1		*	1	2726
L3			2	1				4	18					12	13		11			1				62
L4																								0
總件數	*	1	69	10	16	1	3	122	785	114	1	1	2	576	109	2	1007	3	1	1		*	1	2826
百分比(%)	0	2	0	0	0	0	0	4	27	4	0	0	0	20	3	0	35	0	0	0	0		0	

L1:表土層; L2:文化層上層; L3:文化層下層; L4:風化岩層

＊：過碎而無法辨識種屬，種屬代號請參見表三十

表二十三：內垵C遺址TP6出土動物骨骼遺留統計表

種屬 /層位	陸生動物				水生動物						不明碎骨		總計	
	牛		獸骨		鯊魚		龜		魚					
	件	重	件	重	件	重	件	重	件	重	件	重	件	重(g)
L1	1	3.6											1	3.6
L2	4	84	30	69.3	5	13.1	4	1.4	84	35.8	52	213.7	179	417.3
L3			1	2.8									1	2.8
L4														
總件數	5	87.6	31	72.1	5	13.1	4	1.4	84	35.8	52	213.7	181	423.7
百分比 (%)	2		17		2		2		46		28			

L1:表土層; L2:文化層上層; L3:文化層下層; L4:風化岩層

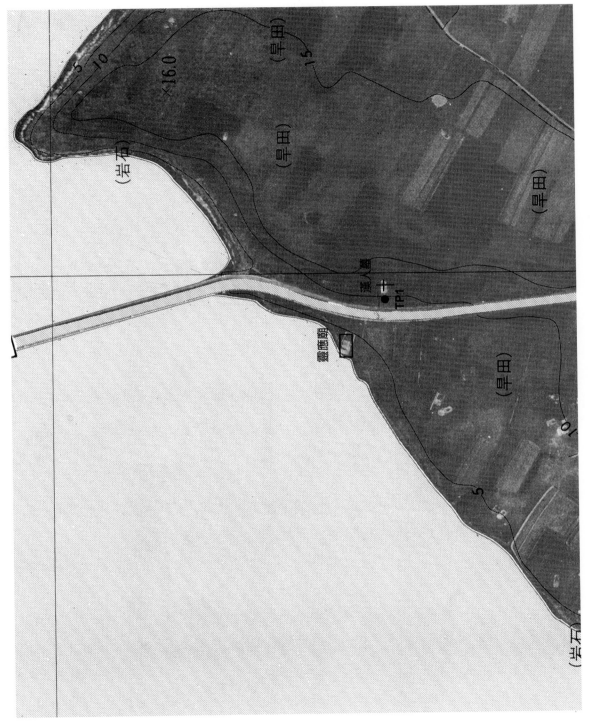

圖十六：中屯A遺址區域和探坑分佈圖

二、中屯A遺址

　　中屯A遺址位於中屯村永安橋南側約240公尺處，203縣道旁的台地上，海拔高度約10公尺（圖十六）。遺址上長滿瓊麻與銀合歡，地表多處散落著牡蠣殼、貝類等生態遺留。TP1工作日期為九十一年五月十八日至二十五日，共計8日。本坑地表遍佈銀合歡與瓊麻，東側約2.5公尺處有一漢人墓葬。

TP1

　　本坑層位分為：表土層、文化層Ⅰ、間歇堆積層、文化層Ⅱ、生土層等五層（圖十七，圖版九十三）。茲將各層位堆積情形與出土遺物敘述如下：

1、層位堆積

　　（1）表土層（地表下0至30公分）：暗褐色砂土（dark brown，10YR 3/4）。地表上原來長滿銀合歡和瓊麻，地表多處散落著的牡蠣殼、貝類等生態物，東北角有一些水泥塊（可能是修墳所遺留下來的）。出土少許的陶片、磚瓦、瓷片、牡蠣殼、螺貝以及玻璃片等近代擾亂物。

　　（2）文化層Ⅰ（地表下30至110公分）：本層為貝塚層。暗褐色砂土(dark brown，10YR 3/3)，黏性增大。

　　本層於東半部地表下39公分和南半部地表下50公分開始，牡蠣殼和貝類的出土量明顯增加，這樣的現象繼續，尤其南半部地區貝類出土量龐大至地表下110公分處，故地表下40公分開始，僅採集東南50cm×50cm之遺物。至地表下60公分時，西北角的貝塚堆積出現向南擴展的趨勢，而南北貝塚堆積則呈現逐漸接合之勢。至地表下80公分處出現新的現象，原以體積大的牡蠣為主流的貝塚，至此逐漸變為螺貝為主流的貝塚，間雜有少量的牡蠣殼、扇貝類。

　　本層為貝塚層，出土物以牡蠣殼和貝類為主流，伴隨出土文化遺物稀少，僅有少量的磚瓦、陶片、瓷片、陶質網墜以及鐵鉤；獸骨有豬骨、龜骨以及其他不明的動物殘骨。地表下80公分處，出土一件元代青白瓷殘片，地表下90公分處，在西界牆附近出土一件陶壺嘴和另一件元代青白瓷破片。地表下100公分處的北界牆附近，出土一片相當大的唐代越窯青瓷

碗殘件，東南50cm×50cm土色較深，為暗褐色(dark brown，7.5YR 2/3)，出土物以大片螺貝殼為主，但北半部螺貝出土量較少。本層底部土色開始改變，呈黑褐色(brownish black，7.5YR 3/2)，土質也變較硬，無文化遺物，至此文化層 I 結束。

本層內共有六層重疊或上下打破關係的貝層（以下稱貝層a-f），各貝層之厚度皆不均。貝層內偶爾夾帶少量的陶片和小石塊，各層出土的貝類有同類、也見不同類，如a、b和e層由大型貝類所組成，c、d 和 f 層是細螺為主。

（3）間歇堆積層（地表下110至130公分）：本層為砂質壤土，土色為(brownish black 7.5YR3/2)。文化遺物和自然遺物減少。除東南角以外，其他部分土色較黑、硬，貝層不厚，間夾帶少量陶片和魚骨（可能由上層所侵入）。

（4）文化層 II（地表下130至160公分）：黑褐色砂質壤土(brownish black，7.5YR 3/2)。出土少量史前繩紋夾砂陶片，除此之外未發現其他遺物。

（5）生土層（地表下160至180公分）：土質為風化壤土，土色由褐色(brown，7.5YR 4/6)變為黑褐色(brownish black，7.5YR 3/2)，質硬，未發現任何遺物。北半邊100cm × 100cm處，土質較硬，褐色的風化土中偶爾出現小石塊，但不復見任何文化遺物及生態遺留，故本坑發掘工作至此結束。

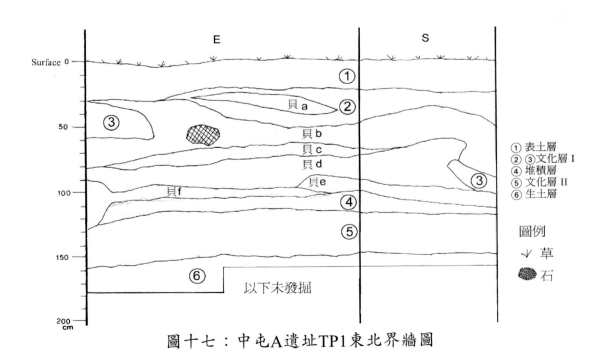

圖十七：中屯A遺址TP1東北界牆圖

69

2、出土遺物

　　本坑出土主要文化遺物有；白瓷、黑釉瓷、青瓷、硬陶、磚瓦、陶質網墜、釉陶、史前繩紋夾砂陶片、鐵鉤、玻璃等，生態遺留物則有獸骨和貝類；獸骨大致分有豬骨、龜骨以及其他不明動物的殘骨片。

　　於地表下100公分處，出土唐代越窯青瓷大碗殘片，直徑約18公分，其餘的瓷器殘片較小，不能復原，也無法辨認器型和部位。這次發掘出土的瓷片，幾乎沒有任何紋飾（或許是瓷片過小所致）。大型硬陶器殘片不少，胎厚，大部分是屬於日用之陶甕和陶罐。

（1）文化遺物

　　本坑陶、瓷類遺物出土總件數達1,081件，13,342.8公克重（表二十五）。茲分類略加敘述：

　　A、白瓷：出土於表土層與文化層Ⅰ，計18件，重76.7公克。文化層Ⅰ出土之編號CuT-A 10090P104的白瓷碗壁破片（圖版九十四：2），胎土薄(厚度0.3公分)且細白，堅硬，釉薄，白釉泛微弱的青色，全面有細冰裂紋，整體燒製技術相當佳。由以上幾點特徵推想本片可能是在元-明之間景德鎮窯燒製的「青白瓷」產品。

　　另一件出土於表土層之編號CuTA 10020P710的白瓷碗口緣部位的殘片（圖版九十四：1），口外翻，薄胎，土質堅硬，釉白泛微黃，光澤略強，全面開細片。這種俏麗的器型多半盛行於清代。另出土於文化層Ⅰ編號CuTA10040P467白瓷碗片（圖版九十四：3），胎厚，厚度達0.7公分，釉白泛黃，溫潤，全面佈滿冰裂紋。這類白瓷在明至清之間福建地區諸多窯都有生產。

　　B、黑釉瓷：出土於文化層Ⅰ，計3件。其中一件薄胎黑釉碗，口緣微外翻，胎土薄呈白中帶粉紅色，黑釉均勻，光澤佳，是屬良好的作品。另一件出土於文化層Ⅰ，編號CuTA 10040P461的厚胎黑釉瓷（圖版九十六、圖版九十七），胎厚度達0.7公分，胎色灰，施釉薄而釉面光澤佳，釉和胎的接觸緊密，由此見燒窯技術相當好。明清之際在福建境內燒黑釉瓷而出名的窯址相當多。

　　C、青瓷：共計68件，重828.6公克。為本坑出土瓷器中數量最多者，佔出土總量的約八成。青瓷質硬，有薄胎（器壁厚度為0.2公分）和厚胎（碗壁有0.8公分厚）二類。其中出土於文化層Ⅰ編號CuT-A10040P482的

薄胎青瓷（圖版九十八：6），土質精細，胎色白，釉呈青泛微黃，釉面開片，器外壁凸出多條弧線。另一件編號CuT-A10050P312的青瓷腹部殘片，口緣殘裂處下方帶有一繫耳，其側邊有一條凸出的弧線（圖十八：1，圖版一〇〇）。表土層出土之編號：CuT-A10030P563的厚胎青瓷（圖版九十八：1）為例，胎土較粗糙，胎內夾帶雜質，氣孔多，釉薄呈灰青色並帶有細小冰裂紋。這種供日常生活用的大碗或盤使用時間很長，至近年在鄉村依舊使用著。

釉色呈「青帶黃」和「青泛灰」色系之青瓷較普遍。自文化層 I 出土施釉不均勻，編號：CuT-A10090P133、34的「淺橄欖綠」色系青瓷（圖版九十八：7、8），是福建境內諸多窯址生產的主流產品之一，明代中、晚期以後產量相當多。

另一類福建窯生產的大宗商品青瓷中如編號：CuT-A10100P072、CuT-A 10050P342（圖版九十八：3、5）的作品，胎土灰。尤其釉薄呈茶葉綠色而釉面粗糙者，是福建同安系窯址生產，也曾量產。

而釉色美麗、呈「青泛綠」、光澤佳且無開片的「上等」青瓷，如編號：CuT-A10040P487（圖版九十八：2)，出土於文化層 I，與此雷同者不過幾片。

文化層 I 出土之青瓷殘件為唐代大碗，口緣外翻，胎薄且硬，胎內多處有小氣孔，胎色灰，釉薄色呈淺橄欖綠，器面無紋飾。圈足不高，圈足上無釉之外全器施釉，圈足內圓型平面的中央挖出凹面，以墊「泥點」燒方式同時疊燒多件瓷器。口緣直徑約18公分。這一件釉薄、持有淺橄欖綠釉特色及碗內底和圈足上皆有相當規則的「泥點」痕，以及圈足內留有良好修飾痕跡。

D、硬陶：此類遺物為本坑出土遺物中數量最多者，共計332件，總重量約5,039.3公克。計有腹片306件、口緣14件、折肩3件、把1件及器底8件。以文化層 I 分佈最為密集，約佔總數的百分之九十一。胎土大致可分渾黃橙色系和灰色系兩種，其中灰色系夾砂陶者多，但施釉者極少。所出土硬陶均為素面陶（圖版一〇一、圖版一〇二），器表未施任何紋飾。器物外壁色以灰褐、灰白、灰、灰黃橙、淺黃橙、橙等色為主，內壁色則有灰白、灰褐、灰、灰黃橙、橙等色，胎土則有灰白、灰黃橙、灰褐、灰橙、橙、淺黃橙等色。在腹片內壁，可見規則之圈紋，應是轆轤拉坯之痕紋。依其口緣、腹片、折肩、器底（均為平底）等部位形制看來，此類遺

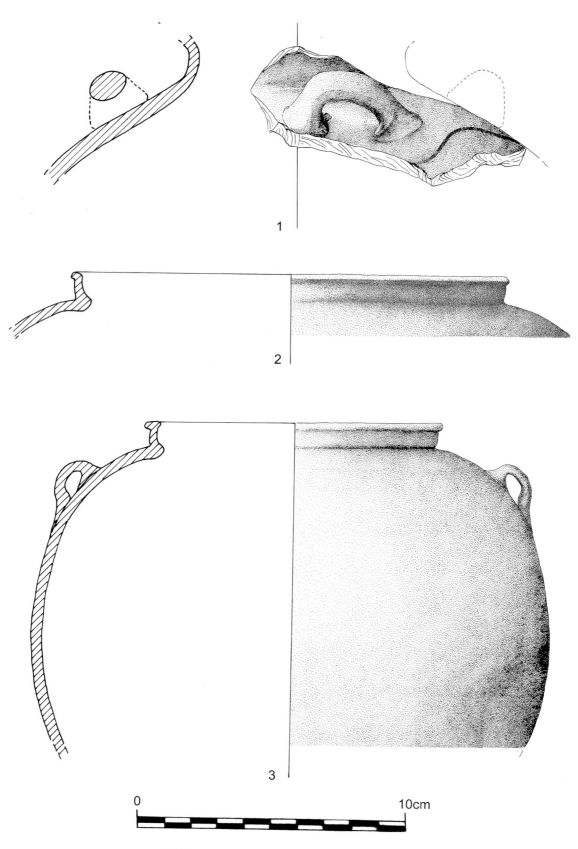

圖十八：中屯A遺址TP1出土遺物

1.青瓷繫耳罐型器；2.硬陶罐口；

3.硬陶繫耳罐型器

物有罐型器、甕型器等（圖十八：2、3）。

　　E、釉陶：共計54件，重量443公克，其中40件分佈於文化層Ⅰ，約佔總數的百分之七十四。計有腹片29件、口緣14件、底部8件、折肩1件、把1件、蓋1件。器表施以褐、黑褐、灰褐、明褐、灰白、淺黃橙等色釉，內壁色有褐、灰褐、明褐、灰白、淺黃橙等色，而胎土則呈灰褐、橙、淺黃橙、灰白等色。器底有圈足底、平底等。由此類出土腹片器內壁也施釉（圖版四十八），可能是一件碗型器。此外，依其口緣、腹片、底部之器型看來，出土釉陶中應有罐和甕類器物。

　　F、鐵器：出土於文化層Ⅰ，共計10件，重量91.3公克。（圖十九：5、6，圖版一〇三），多分佈於文化層Ⅰ，其中一件重量為3.3公克，長約3.5公分，狀似釣魚鉤的前端，呈彎月型，外觀氧化嚴重幾近成為鐵渣。另一件重量為1.9公克，因氧化嚴重，僅剩前端彎月型鉤狀物，推判此二者均為釣魚鉤。其餘均為長條狀或不規則狀鐵器，與碎貝殼渣及砂土等混黏在一起，用途不明。

　　G、磚瓦：均為細碎殘片，色橙紅，計510件，重6,049.5公克，其中414件分佈於文化層Ⅰ，約佔總數的百分之八十一。因磚瓦未具有明顯之時間性特質，所以難以鑑定其所屬年代。

　　H、史前陶：史前夾砂繩紋陶出土於文化層Ⅱ，計49件，重378公克（圖十九：1—3），色褐，通常以「夾砂」的方式增加陶器的硬度和耐度。由口緣（圖版一〇四、圖版一〇五）、腹片之形制來推判，應以罐型器居多（表二十五）。

（2）生態遺留

　　A、陸生動物：包括牛、鼠、羊骨，和一些不明動物種屬等陸生動物骨骼遺留，共計25件，91.6公克（表二十七）。

　　B、水生動物：包括魚骨、龜骨，和貝類。貝類以牡蠣、螺殼為主流，類別多達39種、共26,770件，總重量113,298公克（表二十八、二十九）。出土量最多的地區是地表下30公分至110公分處；其中於地表下70至90公分處顯現減量之勢，而至地表下90至100公分處明顯又增量，至地表下110公分處貝塚層結束。

73

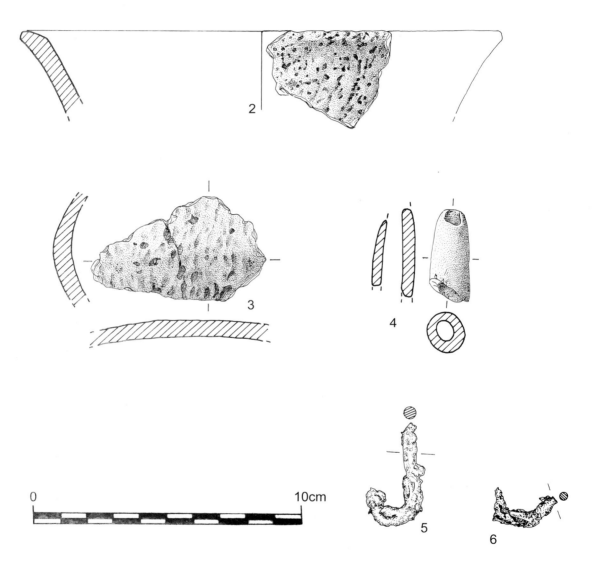

圖十九：中屯A遺址TP1出土遺物

1—3.史前陶；4.陶網墜；5、6.鐵魚鉤

3、年代

　　目前在金門、澎湖所見考古出土瓷器中燒製年代最早者為出土於本坑文化層I的「花口矮足青瓷大碗」，製作技術非常特殊，有唐代浙江越窯青瓷的技術，有必要做個別細述：

　　本件青瓷殘片，編號：CuT-A 10110P069（圖二十，圖版一〇六至一〇八），器型是大碗，口緣外翻，胎薄且硬，胎內多處有小氣孔，胎色灰，釉薄色呈淺橄欖綠，器面無紋飾。圈足不高（通常，宋代以後逐漸使用圓圈墊或高墊餅等類之燒窯技術，故圈足加高呈「高圈足」），圈足上無釉之外全器施釉，圈足內圓型平面的中央挖出凹面，以墊「泥點」燒方式同時疊燒多件瓷器。口緣直徑約18公分。本件由於釉薄，持有淺橄欖綠釉特色及碗內底和圈足上有相當規則的「泥點」痕，以及圈足內側的良好修飾技藝，凹挖圈足內側面等特徵與唐代浙江越窯青瓷技術相符（圖二十一）。

　　本件青瓷碗的特徵為「花口」、「釉薄色呈淺橄欖綠」、「除圈足以外施滿釉」、「口緣外撇」、「腹部略有弧度」、「矮圈足」、圈足上和碗內底有非常規則的「泥點」、「圈足內圓地挖呈凹面」等，尺寸為口徑18公分，高6公分。此種特徵的碗在浙江慈溪上林湖荷花芯窯址出土[5]（圖版一〇九至一一一），出土時伴隨出土一件刻有「會昌三年七月二十日」(公元843年)銘的匣缽[6]（考古報告上寫道：上 Y37地表可見瓷片散佈面為1,400平方公尺。1995年對該窯址進行考古發掘，發現一條窯爐，殘斜長41.83公尺、最寬2.8公尺、殘高0.5公尺、堆積厚0.5～4公尺。出土器物有碗、盤、罐、壺、缽、水盂、盒、盞、杯、燈盞、盞托等；施青黃、青灰釉；有刻花，飾紋有荷花紋等。窯具有夾沙耐火匣缽和瓷質匣缽及墊圈。還發現一件瓷質匣缽上刻"會昌三年七月二十日"銘文），可見此種特徵的碗生產於九世紀上半葉。事實上，此類碗的時間可以上溯到更早的八世紀下半葉；例如在洛陽十六工區M76唐墓曾出土一件撇口矮圈足青瓷碗，其特徵與本件澎湖出土者酷似，而M76墓的製墓年代為「大曆十四年」（公元779年），由此可見這一類瓷器的流行時間約在八世紀下半葉至九世紀上半葉。康才媛教授在她的博士論文中[7]所提此類碗流行時間也與本坑出土的「青瓷大碗」在時間上一致。本件青瓷碗燒製年代相當早，可能是

5.慈溪市博物館，《上林湖越窯》，北京，科學出版社，2002年10月第一版，頁9、42-45
6.前引《上林湖越窯》，頁9。

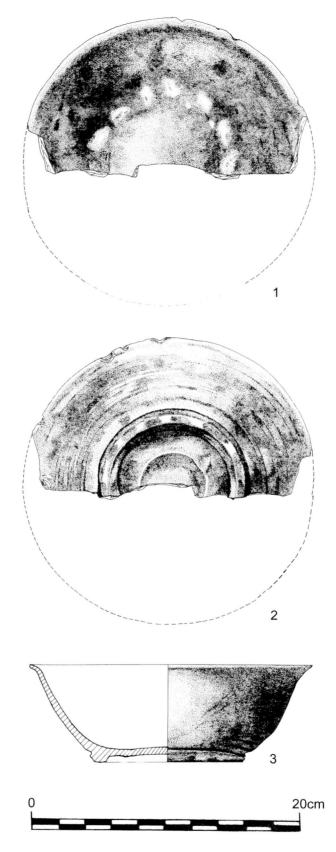

圖二十：中屯A遺址P1出土唐代青瓷碗型器
1.內側；2.外側；3.剖面

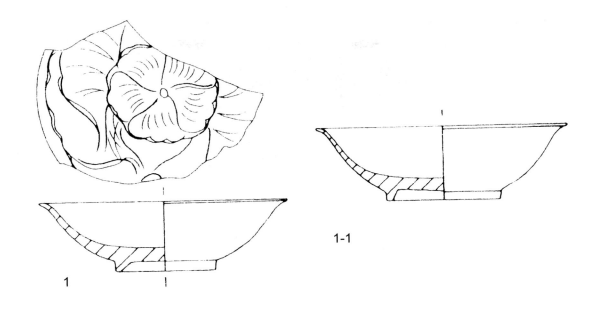

1

1-1

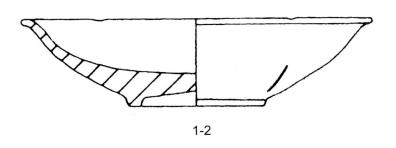

1-2

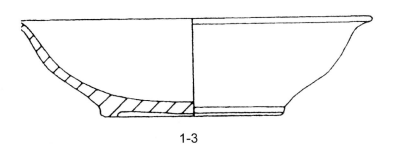

1-3

圖二十一：唐代越窯碗（1995年浙江上林湖窯址出土）

唐代浙江上林湖燒製。總觀浙江青瓷技術和特徵，與本坑出土「青瓷大碗」的製作技術相比，發現有相當多的特徵相符；即由早期有規則的墊「泥點」方式同時疊燒多件瓷器的燒窯技術（圖版一一二至一一四），逐漸以「泥圈」或「泥條」替代，北宋越窯青瓷就有此種特徵[8]（圖版一一五至一一八）。

如果筆者對本坑出土「青瓷大碗」所下的斷代能成立的話，則澎湖出土最早瓷器的年代要提前許多。

本坑出土「青瓷大碗」同一層位的木炭標本，經委請美國Beta Analytic Inc.進行碳十四加速器微量定年分析（AMS, Accelerator Mass Spectrometry），所測定的碳十四年代約為A.D. 670－870年（表二十四），約為唐代中期，與上述青瓷大碗的燒製之推測年代，兩者似乎也一致。

表二十四：碳十四年代測定資料表

標本暨實驗室編號	坑 位	出土深度	定年材料	測定年代	校正年代 1 sigma	校正年代 2 sigma
CUT-A001/ Beta-168738	TP1	距地表下 48公分	木炭	B.P.950±50	A.D.1020-1160	A.D.1000-1200
CUT-A002/ Beta-168739	TP1	距地表下 53公分	木炭	B.P.1050±50	A.D.970 -1020	A.D.890-1040
CUT-A004/ Beta-168741	TP1	距地表下 91公分	木炭	B.P.1110±50	A.D.890-1000	A.D.810-840 & A.D.860 -1020
CUT-A005/ Beta-168742	TP1	距地表下 100公分	木炭	B.P.1270±40	A.D.690 -780	A.D.670-870
CUT-A006/ Beta-170873	TP1	距地表下 91公分	木炭	B.P.1110±40	A.D.890-990	A.D.870-1005

7.康才媛，《唐代越窯青瓷器研究》，台北，中國文化大學史學研究所博士論文，民國八十六年六月，頁41。

8.舉明清時代的青花瓷燒窯技術為例，為大量生產並降低成本而出現碗、盤等器皿的內、外中央部位不施釉或拭釉現象(圖版一一九至一二一)。這種不施釉現象是唐代三彩陶器也非常明顯，即較大型器物是多半施釉至器身中下段、小件器物是用各種燒具燒製(圖版一二二、一二三)

四、小結

　　由64個大、小火山島嶼所組成的澎湖群島，與中國大陸相距140公里，東與臺灣本島相對，最近處距離為45公里，因此自古扮演海上交通的要塞，澎湖群島的開發歷史也比臺灣早；大陸漢人的移民潮往東南發展，或遷移至臺灣時通常路經金門、澎湖而繼續往前到達臺灣或東南亞，因此金門、澎湖之間互有文化與濃郁的血緣關係[9]，也因此近年來澎湖考古格外受到學界與社會大眾的關切。本坑出土文化遺物有磚瓦、陶器，及唐、宋、元、明、清代漢人燒製之瓷器與鐵塊等。生態遺物主要是貝、螺、牡蠣殼、魚骨和獸骨，尤其牡蠣殼、小螺殼的出土量最多，魚骨量也不少，少量的獸骨也混入在出土物當中。澎湖中屯出土瓷器是早期漢人到臺、澎時，由中國大陸帶來的歷史文物。

　　由本坑發掘出土的瓷片和六個貝層遺物得知，早期中屯居民以貝、螺、牡蠣、魚類等海洋資源為主要食物。澎湖地質貧、自然條件差因而不宜農耕，這就證明自古至今「靠山吃山、靠海吃海」的原則。浙江省與福建省相鄰，又與臺灣隔海相望，三者因具有「地理之便」的有利條件，故交往的甚早，人來人往時多半攜帶或託帶一些日用品，因而臺灣和澎湖當地燒製陶瓷時間相當晚，早期澎湖出土的各類瓷器均為對岸過海而來的舶來品。

　　臧振華教授、陳信雄教授等人在澎湖地區進行考古工作時採集和發掘到數量非常可觀的浙江青瓷，包括相當數量的宋代龍泉窯青瓷雙魚紋作品在內。陳信雄更提出澎湖蒐集到「五代十國時代的孔雀紋越窯青瓷」[10]，主張五代已經有漢人在澎湖，據當地採集、發掘的陶瓷器欲重新釐清澎湖與臺灣史之關係，並於1994年發表的論作《越窯在澎湖》中，論述「澎湖島自五代已經有人居住」，主張澎湖最早瓷器之「宋代說」應該更新為「五代」。但目前為止接納或認同陳信雄的論點者似乎不多，多數人認為陳信雄所舉的實證，即澎湖採集所得到的證據，從考古學全面調查的觀點有頗多遺漏，故難以採信（臧振華，1988）。

　　陳信雄與臧振華二人資料的應用與來源有所不同，前者由地表或海邊

9.成耆仁，〈金門地區歷史考古採集、發掘的陶瓷標本種類與其意義〉，《金門地區陶瓷史、城牆遺址、喪葬習俗調查研究》，台北，國立歷史博物館，民國91年9月，頁10-15。

10.陳信雄，《越窯在澎湖》，台南，文山書局，民國83年6月第一版，頁15-46所示。

採集的資料眾多，臧振華的資料似乎是出土物多於採集。臧振華教授在1983-85年間在澎湖全島進行調查、發掘，在「蒔板頭山」遺址發現大量文化遺物及生態遺留，其中，中國陶瓷器依碳十四測定年代介於唐宋之間 [11]，內垵、水垵二地出土(包括地面採集)宋元瓷器似乎也十分豐富，內有相當數量釉色美麗、製作精緻的南宋浙江龍泉青瓷，臧振華在著作 *Archaeology of The Peng-Hu Islands* 一書中（1992），展示非常多的標本，然而筆者在細「讀」該書後，始終沒有發現唐代瓷器，但美麗的宋瓷卻不少。

以往澎湖考古學者多認為漢人至澎湖之時間始於唐宋間，或五代，但尚缺乏有利「史物」。

此次，中屯A遺址出土一件青瓷碗特徵與上林湖荷花芯窯址所燒唐代「花口矮圈足青瓷大碗」完全相符。中屯A遺址出土此件青瓷碗確實是把澎湖漢人的歷史往上推至唐代的一件歷史實物。

---

11. Tsang, Cheng-hwa， *Archaeology of The Peng-Hu Islands*. Institute of History and Philology Special Publications No. 95. Taipei: Institute of History and Philology, Academia Sinica. 1992, P. 484。

表二十五：中屯A遺址出土陶瓷類統計表

器類/層位	史前陶		白		青瓷		硬陶		黑瓷		釉陶		磚		棄		總件數	總重量(g)
	件	重	件	重	件	重	件	重	件	重	件	重	件	重	件	重	件	重
L1			3	13.2	8	34.3	31	186.6			14	56.7	96	933.2	2	70.5	154	1294.5
L2			15	63.5	60	794.3	301	4852.7	3	15.4	40	38-6.3	414	5116.3	42	396.1	875	11624.6
L3																	0	0
L4	49	378													3	45.7	52	423.7
L5																	0	0
總計	49	378	18	76.7	68	828.6	332	5039.3	3	15.4	54	443	510	6049.5	47	512.3	1081	13342.8
百分比(%)	4.5		1.4		6.3		30.7		0.3		5		47.2		4.4			

L1:表土層; L2:文化層I; L3:堆積層; L4: 文化層II;L5:生土層 ;棄：太細碎無法辨識陶瓷類別

表二十六 ：中屯A遺址TP1之陶瓷類部位統計表

器類/部位	史前陶	白瓷	青瓷	硬陶	黑瓷	釉陶	總件數
腹片	39	13	41	306	3	29	431
口緣	7	5	23	14		14	63
折肩	3			3		1	7
把			1	1		1	3
底部			2	8		8	18
蓋						1	1
碗			1				1
總件數	49	18	68	332	3	54	524

表二十七：中屯A遺址TP1出土動物骨骼遺留統計表

種屬/層位	陸生動物														水生動物								不明		總件數	總重量(g)
	牛		牛科		羊		鼠		豬		獸		小型動物		龜		魚		鯊魚		蟹		不明			
	件	重	件	重	件	重	件	重	件	重	件	重	件	重	件	重	件	重	件	重	件	重	件	重		
L1																										0
L2	1	17.9	1	4.2	1	1.8	1	0.3	1	8.2	18	57.8	2	1.2	5	8.8	841	204	7	18	7	3.3	96	395.3	981	720.7
L3																										0
L4																										0
L5																										0
總數	1	17.9	1	4.2	1	1.8	1	0.3	1	8.2	18	58	2	1.2	5	8.8	841	204	7	18	7	3.3	36	107.8	981	720.7
百分比(%)	0.1		0.1		0.1		1		1		1.7		2		0.5		77.9		0.6		0.6		3.3			

L1:表土層; L2:文化層I; L3:堆積層; L4: 文化層II;L5:生土層

表二十八：中屯A遺址出土貝類種屬件數統計表

貝類/層位	0	1	2	3	4	5	6	9	10	11	12	13	15	16	17	20	21	22	23	24	25	27	28	30	31	32	33	34	36	37	40	41	42	43	44	45	46	47	48	總件數
L1	*							6			1					2				3		1	2								54									69
L2	8103	1295	2	3	14	1	1	84	2	3	16	9	1	24		1	11	24	1	5730	7	6	384	30	17	1	1	84	1	8	3297	3173	38	716	16	1	3501	49	45	26701
L3																																								
L4																																								
L5																																								
總計	8130	1295	2	3	14	1	1	90	2	3	17	9	1	24		3	11	24	1	5733	7	7	386	30	17	1	1	84	1	8	3351	3173	38	716	16	1	3501	49	45	26770
百分比(%)	30	4	0	0	0	0	0	0	0	0	0	0	0	0	0	0	0	0	0	21	0	0	1	0	0	0	0	0	0	0	12	11	0	2	0	0	13	0	0	

表二十九：中屯A遺址出土貝類種屬重量統計表

貝類/層位	0	1	2	3	4	5	6	9	10	11	12	13	15	16	17	20	21	22	23	24	25	27	28	30	31	32	33	34	36	37	40	41	42	43	44	45	46	47	48	總重量(g)
L1	1107.4				7			240.2			5.7					57.2				23.8		41.8	11.1								332.8									1827
L2	63240.8	871.5	1.1	25	44.1	1.8	1.35	2300	0.3	80	58	7.9	9.5	38.4	0.6	26.2	11.6	2.1	3.6	6499	41	89.5	278.27	62	46.2	2.7	17	132	5.8	13	28203	8090	455	149	9.1	11	628	9.2	6.3	111471
L3																																								
L4																																								
L5																																								
總計	64348.2	871.5	1.1	25.3	51.1	1.8	1.35	2540	0.3	80	64	7.9	9.5	38.4	0.6	83.4	11.6	2.1	3.6	6523	41	131.3	289.37	62	46.2	2.7	17	132	5.8	13	28536	8090	455	149	9.1	11	628	9.2	6.3	113298

表三十：澎湖內垵C遺址、中屯A遺址出土貝類一覽表　　　（李娜莉製表）

代號	學名	中文名	特徵	參考書	澎湖俗稱
0		貝殼碎片			
1	*Chicoreus brunneus* (Link)	黑千手螺	高約7cm	賴景陽1996	
2	*Mancinella siro* (Kuroda)	零點馬蘭螺	高約5.5cm	胡忠恆等1994	
3	*Cypraea (mantritia) arabica*(Linne')	阿拉伯寶螺	屬寶螺科，中形寶螺，大約7cm，產於全省各地岩礁淺海底	胡忠恆等1995；賴景陽1996:61	
4	*Nerita albicilla Linnaeus*	漁舟蜑螺	殼表有不明顯的螺肋，有斑紋，殼徑約3cm；產於岩礁海岸。常見	賴景陽1996:46	畚箕螺
5	*Atactodea striata* (Gmelin)	條痕礒蛤	高約2.8cm，八字形齒及粗重的橫肋	胡忠恆等1994:124	
6 38	*Planaxis sulcatus* (Born)	芝麻螺	高約2cm，外形類似玉黍螺，密佈螺肋，殼口內唇白色，常見	賴景陽1996:50	香螺
7	*Nerita costata Gmelin*	黑肋蜑螺	高約2.5cm，螺塔比其他同類低平，貝殼黑色具有殼皮，有粗螺肋，殼徑約2.5cm，產於全省各岩礁海岸潮間帶，十分常見	賴景陽1996:47	
8	*Chama lazarus Linne'*	翹鱗猿頭蛤	需再鑑定。只發現一件	胡忠恆等1994:116	
9	*Pleuroploca trapezium* (Linn'e)	長方赤旋螺	有顯著的螺肩瘤。高約5.5cm，本報告的標本比較大，約8cm	胡忠恆等1994:66	紅螺
10	*Hyotissa (Lopha) hyotis linne'*	舌牡蠣	外表有粗重放散肋及寬廣放散深溝	胡忠恆等1994:	
11	*Conus textile Linnaeus*	織錦芋螺	高約8cm，有毒性	賴景陽1996	
12	*Barbatiae*	魁蛤科	殼頂上有白斑，內面淡褐色而周緣濃褐色，約4cm	賴景陽1996:137	
13	*Nerita undata Linnaeus*	細紋蜑螺	殼徑約3cm，有細螺肋，棲息於岩礁海岸	待察	甜螺，苦杯
14	*Thais tuberosa Roeding*	角岩螺	骨螺科，短刺發達，有黑斑，殼口內有細紋，約6cm	賴景陽1996:92	
15	*Dosinia (Bonartemis) histrio* (Gmelin)	癡迷鏡文蛤	中等以程度以上的彭膨脹，示長寬的鉸齒面及粗的橫肋	胡忠恆等1994:136	
16	*Monodonta labio* (Linnaeus)	草蓆鐘螺	殼接近卵形，殼內有珍珠光澤，高約2.5cm，產於岩礁海岸的潮間帶	賴景陽1996:40	
17	*Tegula argyrostoma* (Gmelin)	黑鐘螺	殼底特徵不符合，待重新鑑定。	賴景陽1996:40	
18	Haliotis diversicolor Reeve,1846	九孔螺	殼的上緣有一排小孔，孔數會因成長而增加，通常為七至十個	巫文隆2000:14	
19	*Lima sowerbyi* (Dashayes)	索氏狐蛤	卵形，示其向前突出的殼頂及顯著的放射肋，肋上有小突起，約3cm	胡忠恆等1994:110	
20	Strombus luhuanus Linnaeus	紅嬌鳳凰螺	螺塔低，殼口粉紅色，內唇黑色，約5cm高，可食，貝殼作工藝用	賴景陽1996:56	
21	Cantharus fumosus (Dillwyn)	焦黃峨螺	有螺肋和不甚明顯的粗縱肋，殼底白色，約2.5cm，胡忠恆的書上是寫3.5cm。本報告的接近後者	賴景陽1996:101	
22	*Acusta tourannensis* (Souleyet)	球蝸牛	陸生貝類。淡褐色半透明，殼徑約1.5cm	賴景陽1996:21	
23	*Trochus calcaratus Souverbie*	多鈣鐘螺	約1.9cm	胡忠恆等1994:11	

（接下頁）

（接上頁）

24	*Lunella coronata* (Gmelin) & *Lunella granulata* (Gmelin)	珠螺 遛珠螺	兩種貝的殼徑約3cm，產於岩礁海岸，口蓋厚而圜凸，後者突瘤甚發達。此兩種貝常被人混淆	賴景陽1996:42	珠螺
25	*Chlorostoma xanthostigma* (A. Adams)	黃斑氯螺	殼頂觀及側面觀，殼體比率扁平，口內唇有牙齒，約2cm高，待重新鑑定	胡忠恆等1994:6	青蔭
26	*Nassa serta* (Brugiere)	橄欖螺	屬骨螺科，貝殼呈橄欖形，殼表有細螺肋，外唇呈黑褐色，殼口內黃白色，殼長約6cm，產於全省各岩礁淺海或潮間帶，稍常見	賴景陽1996:96	
27	*Tectus pyramis* (Born)	銀塔鐘螺	屬於鐘螺科，貝殼呈圓錐形，螺塔上部有瘤列，殼徑約6cm，產於全省各岩礁海岸的淺海底	賴景陽1996:38	
28	*Cerithium carbonarium* Philippi	黑瘤蟹守螺	殼表有黑色的粗瘤列，殼高約3cm，產於全省各岩礁海岸或礫石海岸，常見	賴景陽1996:51	鴨母螺
29	*Cellana (C.) testutinaria* (Linn'e)	龜甲斗笠螺	殼體的最大直徑約7cm，高約2.2cm	胡忠恆等1994:2	
30	*Turbo stenogyrus* Fischer	高腰蠑螺	有粗螺肋，口蓋圓凸，高約4cm，產於岩礁海岸淺海底。本報告的標本較小	賴景陽1996:43	
31	*Cypraea annulus* Linnaeus *Cypraea errones* (Linnaeus)	金環寶螺 龍寶螺	二者大約2.3cm，二者皆常見於臺灣各地岩礁海岸的潮間帶。金環寶螺尤其在澎湖，恆春半島較多	賴景陽1996:65	
32	*Planaxis sulcatus* (Born)	芝麻螺	外形類似玉黍螺，密佈螺肋。高約2cm。產於臺灣南北海岸潮間帶與澎湖	賴景陽1996:50	
33	*Conus ebraeus* Linnaeus	斑芋螺	貝殼白底上有塊狀略微整齊地排列著黑斑、約3.5cm。產於臺灣南北岩礁海岸及各離島的潮間帶。十分常見	賴景陽1996:122	
34	*Turbo stenogyrus* Fischer	高腰蠑螺	與30同一種。此為比較大型者。待調整	賴景陽1996:43	虎螺
35	*Chlamys irregularis* (Sowerby)	秀美海扇蛤	屬海扇蛤。前耳大而後耳小、有細放射肋，約4cm。產於臺灣海峽淺海岩礫底	賴景陽1996:145	
36	*Nerrita undta* Linnaeus	粗紋蜑螺	有細螺肋，殼口黃白色，殼徑約3cm；產於全省個岩礁海岸	賴景陽1996:47	
37	*Astraea (Astrlium) haematraga* (Menke)	白星螺	呈圓錐形，周緣呈齒輪狀，殼徑約3公分，產於全省岩礁海岸潮間帶	胡忠恆等1994:6; 賴景陽1996:42	
39	*Drupa ricinus* (Linnaeus)	黃/白齒岩螺	僅發現一件。屬骨螺科，貝殼灰白而有短棘突起，外唇上有較長的棘，殼長約2.5cm，產於全省各岩礁海岸潮間帶，常見	賴景陽1996:94	
40	*Saccostra mordax* (Gould)	黑齒牡蠣	殼灰色呈不規則形，大約5cm，產於全省岩礁海岸，甚多種，可食用	賴景陽1996:142	石蚵
41	*Pinctada chemnitzi* (Philippi)	柴氏珠母蛤	需再鑑定	胡忠恆等1994:103	珠蚵
42	*Anadara antiquata* Linn'e	古董船蛤	或賴景陽1996:138的Anadara satowi (Dunker)	胡忠恆等1994:94	土蚵
43	*Pyrene*	麥螺科	小於2cm之不同麥螺	賴景陽1996:99; 胡忠恆等1994:6	
44			大於2cm之不同麥螺		
45	*Polinices (Mammita) opacea* (Recluz)	透明瓷玉螺	大約4.2cm，示其狹窄的內唇板及新月形的臍孔；棲息於淺海砂地	胡忠恆等1994:30	
46		珊瑚碎，螺蓋			

第六章 結論與探討

經由本次於澎湖西嶼鄉全域及白沙鄉中屯村所完成的全域地表調查，以及內垵C遺址與中屯A遺址所進行的考古發掘，大體上可獲致下列諸項結論，同時也提出幾點問題加以探討：

一、地表調查部分

本次調查並未如預期在地表發現數量可觀的宋元時期遺物，即使在之前學者所界定為重要宋元遺址的內垵C遺址都未能尋獲宋代瓷片。針對這個現象，我們認為可能是下列幾項原因所造成：

（一）多數田地及平緩台地因荒廢多年，使其地表長滿及膝雜草或銀合歡，造成調查時的可見度偏低。此外，在長滿銀合歡處，對於調查造成嚴重妨礙而無法進入調查。由於可見度與可及性偏低，使得這些地點無法詳實調查，而可能造成調查的盲點。

（二）對於遺物，特別是瓷片的年代判斷，學者之間並未有一套共同採行的標準。本次調查主要依據小組成員之一成耆仁博士對瓷片的鑑定，此一標準與之前學者所持標準之間的異同應予以釐清。

（三）澎湖地區宋元時代瓷片遍佈，已為世人所知甚久。專家學者，如陳信雄教授早年已進行大量的採集，臧振華教授亦針對澎湖進行過採集標本與研究。繼學者之後，更有不少業餘收藏家及愛好者進行採集的工作。這些採集的行為，是否對於目前宋元時代遺物在地表上分佈的密度造成影響，致使發現機率偏低，應納入思考的範疇。

（四）除瓷片之外，地表所見最多的遺物是硬陶或磚瓦的碎片，但這類遺物在年代的斷代上有所困難，有可能某些硬陶是屬於宋元時代的遺物，但因無法加以證實，以致有所遺漏。

（五）遺址已遭到歷年來長期的耕作行為及其他人為營力，如工程興建、道路修築、聚落設立等或自然作用力，如侵蝕、堆積等因素所破壞或掩埋，以致未能尋獲宋元時代遺物與遺址。

（六）本次於澎湖中屯嶼、西嶼地區進行地表調查時，不時見有耕地上散佈陶瓷碎片之現象。為探究此一現象之成因，小組成員特進行了相關之口訪工作。經口訪該二地區之居民，得知當地農民多將住家之廢棄物

堆放於門前，由於這些廢棄物中含括了有機物質，他們認為有助於耕地之豐沃，故將之丟置於耕地中作為堆肥。因此，這些陶瓷碎片乃是隨其他有機廢棄物一起被丟棄者，這是一種無意的人為營力所造成的結果，而非小組原以為專用於堆肥之物。

二、考古發掘部分

（一）本次於內垵C遺址所發掘之五個試掘坑，除TP4因較近於現代聚落，其年代約為清代中期外，其餘四坑的年代，無論依出土遺物特徵、碳十四測年等均標指其年代集中於宋、元、明各時期。各坑所發現的貝塚層，因累積了宋元明各時期之遺存，顯示該地曾先後為各時期的居民所佔居，而其年代又頗為一致，似可推判內垵C遺址之年代最早應可上溯至南宋。而中屯A遺址依所出土的浙江上林湖荷花芯窯址產品「花口矮圈足青瓷大碗」，以及由同層出土之木炭標本所測得之碳十四年代，似可推估該遺址之年代可以早到唐代中期。

（二）根據宋文薰教授、黃士強教授、臧振華教授等，先後於澎湖進行考古發掘或採集所得之遺物或標本推判，澎湖地區最早有人居住之年代為唐宋之間。此外，陳信雄教授於《越窯在澎湖》一書中，出示於澎湖採集的五代越窯瓷，提出「澎湖自五代已經有人居住」之論點（陳信雄，1994），但因其所掌握的證據係地表採集標本，從考古學觀點來看，無法得知其地層堆積結構、伴隨出土遺物等，因此，仍有疏漏之處，較難以採信。本次於中屯A遺址發掘出土一件經鑑定為唐代浙江慈溪上林湖荷花芯窯址燒製的「花口矮圈足青瓷大碗」，為澎湖地區首件發掘出土的唐代遺物；並由同層出土之木炭標本測得碳十四年代為A.D.670－870年，約相當於唐代中期，二者所標示的年代頗為一致。此一結果顯示澎湖地區漢民之拓殖史似可由臧振華教授所推論「關於漢人最早來到澎湖的年代，就目前的考古證據來看，最遲當不晚過北宋，極可能在唐末或唐宋之間，…」（臧振華，1989：111），再往前推溯至唐代中期。

（三）本次所發掘的內垵C遺址、中屯A遺址均發現貝塚層，出土大量的貝類殼體、魚、獸骨及陶瓷殘片等，推判應為當時人類將食用後之殘餘隨其他廢物丟棄，久而成塚。根據出土之生態遺留的種類包括大量貝類、魚骨（以脊椎骨、魚刺居多）、獸骨（主要為牛、羊、豬肢骨）與網

墜、魚鉤等推判,當時人類應以採集貝類和漁撈為主要生業型態並兼畜生畜,此印證了元代汪大淵所撰《島夷志略》「…有草無木,地瘠不宜禾稻,…煮海為鹽,釀秫為酒,採魚、蝦、螺、蛤以佐食;熱牛糞以爨,魚膏為油,…山羊之孳生,數萬為群,家以烙毛刻角為記,晝夜不收,多遂其生育。工商興販,以樂其利…」之記載。而所出土的文化遺物中多為破碎的陶瓷殘片,其中可加以辨別的器型有:碗、盞、罐、瓶、杯、缽等,均為日常生活器皿;此外,尚於內垵C遺址發現北宋時期的銅錢,由此種遺物組合反映出當時已具有居住的聚落型態;惟本次所發掘的遺址均為當時之垃圾堆,而非一居住遺址生活面的部分遺留,其遺物內涵包含了史前時期、歷史時期之遺存(如TP3、TP5),僅能進一步推判內垵C遺址曾先後成為史前時期與歷史時期人類活動之地點,但無法由出土遺物來推論當時之聚落型態,究竟是長期性之移民聚落或短期、臨時性之捕魚居址。此一結果與臧振華先生之論述「內垵C遺址所包含的三個貝塚堆積層中,上二層出土大量中國陶瓷片、鐵釘、磚瓦塊等文化遺物,以及貝殼、魚骨和獸骨(豬、牛、羊)等生態遺留,反映出定居的聚落型態;而底部貝塚出土較粗質的陶瓶、陶網墜和貝殼,顯示其可能為短期或臨時性捕魚營址的遺存」(臧振華,1989:100),並不全然一致。

(四)本次發掘出土之貝類除碎小無法辨別種屬的碎貝外,可鑑定之貝類殼體計有45種(參見表三十,圖版一二四 至一二八),其中包括:中屯A遺址出土的35種貝類(約1,500件)及內垵C遺址出土的33種貝類(約9,200件),顯示中屯A遺址所利用之貝類資源較為豐富多樣。二遺址所發掘出土的主要貝類為:中屯A遺址主要以(24)珠螺、(40)牡蠣、(41)柴氏珠母蛤、(1)黑千手螺、(43)麥螺、(28)黑瘤蟹守螺等六種為主;而內垵C遺址的主要貝類為(24)珠螺、(16)草蓆鐘螺、(28)黑瘤蟹守螺、(13)細紋蜑螺、(4)漁舟蜑螺、(25)黃斑氯螺等六種。其中內垵C遺址出土貝類的前三者數量相近,且遠超過後三者,推測應為當時主要的食用貝類(經口訪當地居民,得知該三種貝類現今仍為其所食用)。此外,在二遺址中皆出現的有珠螺和黑瘤蟹守螺二種,而其他均不相同;例如中屯A遺址出土大量的牡蠣,在內垵C遺址卻未發現。在二遺址中均為主要貝類的珠螺,乃潮間帶岩礁上或石頭底部較常見的貝類,澎湖居民常在退潮時到海邊採拾,因此,直到現今仍為澎湖地區極具經濟價值的海洋資源。由此可知,海岸潮間帶的採拾貝類行為,長久以來係澎湖

地區居民重要的生業活動之一。

　　本次在內垵C遺址及中屯A遺址所發掘出土的45種貝類，據出土量多寡來看，其中較多量的貝類應為食用性資源，而數量較少者如（11）織錦芋螺，其肉質具有毒性，不宜食用，判斷應是伴隨可食性貝類而無意被撈起者或用作非食用性目的。

　　此外，為瞭解內垵C遺址及中屯A遺址二遺址貝塚形成的時機，特別進行貝殼碳、氧同位素分析。以中屯A遺址出土的二件長方赤旋螺（其殼體大小較適合進行碳氧同位素分析）為測試標本，經由所分析之結果顯示，它們死亡的季節均為晚夏至初秋間（參見附錄一），惟因測試標本量不足，無法肯定該二遺址出土之貝類是否於固定季節被採捕或不同貝類有不同之採捕季節，仍須未來相關研究的校正。

　　（五）曹永和教授曾依據文獻史料提出，自唐代末期以後，福建地區逐漸開發，至北宋時人口已迅速增加，但限於福建地理環境之條件，不足以應付人口之增加，遂造成部分人口向海上發展。此外，福建沿海海岸曲折，港灣甚多，為擴展漁業，必須尋求新的漁場。而澎湖附近正為海峽寒暖流交會之處，水產豐富，因此吸引閩人來此捕魚（曹永和，1997：105）。此外，根據史籍記載，明神宗萬曆九年，有福建泉州府人原居住於金門者（當時金門隸屬於福建泉州府）移居澎湖，此後澎湖居民逐漸增多（陳正祥，1955：103－104）。綜上所述，說明了福建為澎湖地區移民之主要原始來源地。而本次於澎湖地區發掘出土之瓷質遺物經鑑定除中屯A遺址之「花口矮圈足青瓷大碗」，極可能出自唐代浙江上林湖荷花芯窯址及其他少數浙江窯系之瓷器外，餘者經鑑別多為福建同安窯系之產物。此一器物組合所構成的考古證據似乎反映了內垵C遺址、中屯A遺址之移民主要源自福建地區，而與前述史實所敘相符。

　　（六）黃士強教授在進行澎湖地區考古發掘時，曾於白沙島後寮遺址貝塚內發現北宋徽宗時的「政和通寶」及北宋神宗時的「熙寧元寶」（黃士強，1981：63）；而臧振華教授於澎湖群島考古發掘時，亦曾在內垵C遺址發現一枚「熙寧重寶」（臧振華，1992：186）。本次於內垵C遺址TP6發掘出土北宋仁宗的「天聖元寶」及「景祐元寶」銅錢，其年代均早於上述二位教授發掘出土的銅錢。綜言之，本次於內垵C遺址發現之「天聖元寶」及「景祐元寶」銅錢，為目前澎湖地區已知發掘出土之年代最早的銅錢，此一發現，似乎可以顯示內垵C遺址的形成，最早可以推溯到北宋年

間。

　（七）本次發掘出土之瓷質遺物，主要為福建同安窯系及少數浙江窯系燒製之產品，而本小組去年於金門地區發掘出土的瓷質遺物，經切片鑑定極可能來自福建、廣東、廣西等地的某些民窯（張福康，2002）；二者經比較，主要之差異處在於澎湖地區之瓷質遺物的燒製技術、燒製品質均較金門地區出土之瓷質遺物粗拙，欲探討此一現象，未來似可進一步從二地之燒造窯口的時空背景及製作風格、移民人口的社會結構、瓷質器物之屬性及用途等面向切入。

　（八）本次於內垵B遺址地表採集與中屯A遺址發掘出土之史前時期陶器殘片，經台灣大學地質學系陳文山教授進行切片分析結果，顯示這些陶片的成分均以石英砂為主，其製作的原料係採自澎湖群島玄武岩層中的沉積岩層（參見附錄二）。此一結果，說明了澎湖地區史前人類所使用的陶器，均係取材自當地所製作之產物，並非經由貿易途徑而取得，亦即非輾轉來自他地之「舶來品」。

參考書目

一、中文部分

王鑫、馮志華

    1996   《澎湖的地形景觀》，交通部觀光局。

白沙鄉公所

    2001   《白沙鄉道路景觀改造建設計畫規劃報告書》，澎湖縣白沙鄉公所。

成耆仁

    2002   ＜金門地區歷史考古採集、發掘的陶瓷標本種類與其意義＞，《金門地區陶瓷史、城牆遺址、喪葬習俗調查研究》，台北：國立歷史博物館。

宋文薰

    1965   ＜臺灣西部史前文化的年代＞，《臺灣文獻》第十六卷第四期，臺灣銀行經濟研究室。頁144-155。

李紹章（編修）

    2000   《澎湖縣志》，澎湖縣政府。

呂正黨

    2003   《澎湖縣西嶼鄉　創造成鄉新風貌建設整體計畫》，澎湖縣西嶼鄉公所。

林朝棨

    1957   《台灣省通志稿卷一：土地志·地理篇（第一冊 地形）》，台灣省文獻　委員會。

    1970   《臺灣省通誌 地理志 地形篇》，臺灣省文獻委員會。

洪國雄

1997　《鹹水煙下的澎湖植物》，澎湖縣立文化中心。

康才媛

1997　＜唐代越窯青瓷器研究＞，台北，中國文化大學史學研究所學位論文。

張福康

2002　＜金門出土瓷片的科學測試報告＞，《金門水頭 官澳 瓊林 歷史考古試掘報告》，國立歷史博物館。

陳正祥

1955　＜澎湖之開拓與人口增加＞，《臺灣文獻》，第六卷第四期，臺灣銀行經濟研究室。

1961　《臺灣地誌》下冊，敷明產業地理研究所。

陳信雄

1994　《越窯在澎湖》，台南，文山書局。

1998　《澎湖宋元陶瓷》，澎湖：澎湖縣立文化中心。

曹永和

1997　《臺灣早期歷史研究》，臺北市：聯經出版社。

黃士強

1978　＜文化層下的瑰寶－澎湖古代的遺址＞，中國時報，1978年3月30日。

1979　＜新發現的澎湖新石器時代遺址＞，《藝術家》，頁42-47。

1979　＜澎湖考古專輯＞，《藝術家雜誌》，第九卷第四期，藝術家雜誌社。頁24－101。

1981　＜澎湖古代文化＞，《人類與文化》，頁61-65。

黃士強、劉益昌

  1980 《全省重要史蹟勘察與整修建議-考古遺址與舊社部份》，臺北市：交通部觀光局委託，國立臺灣大學考古人類學系執行。

黃永川等

  1999 《澎湖海域古沉船 將軍一號試掘報告書》，臺北市：國立歷史博物館。

慈溪市博物館

  2002 《上林湖越窯》，北京，科學出版社。

趙汝适

  1961 《諸蕃志》，《臺灣文獻叢刊》，第一一九卷，臺灣銀行經濟究室。

蔣祖武

  1972 《澎湖縣誌 卷五、卷六物產志》，馬公鎮：澎湖縣文獻委員會。

樓鑰

  1935 《攻媿集》，《叢書集成初編》，上海商務印書館。

賴景陽

  1996 《臺灣自然觀察圖覽13-貝類》，臺北市：渡假出版社有限公司。

賴峰偉

  2000 《澎湖縣誌 卷一疆域志》，馬公市：澎湖縣政府。

臧振華

  1988 <從考古證據看漢人的拓殖澎湖----兼評澎湖為宋元貿易轉運站說>，《臺灣風物》第三十七卷第三期，頁77-98。

  1989 <澎湖群島拓殖史的考古學研究>，《第二屆國際漢學會議論文集》，歷史與考古組，頁87-112。

  1999 《台灣考古》，台北：行政院文化建設委員會。

  2000 《台閩地區考古遺址 澎湖縣》，內政部。

二、日文部分

伊能嘉矩
　1907　＜澎湖島に於ける石器の發見＞，《東京人類學會雜誌》，第二
　　　　十三卷二五九號，頁13-16。

國分直一
　1981　＜澎湖本島にお先史遺跡の遺物＞，《臺灣考古民族誌》，東
　　　　京：開明堂。

鳥居龍藏
　1883　＜澎湖列島及び其附近島嶼の蠻族＞，《東洋學藝雜誌》，第二
　　　　十卷二十四號，頁408-410。

三、西文部分

Tsang, Cheng-hwa
　1992　*Archaeology of The Peng-Hu Islands.* Institute of History and
　　　　Philology Special Publications No. 95. Taipei: Institute of History
　　　　and Philology, Academia Sinica.

四、電子文獻

澎湖縣政府
　2001　＜澎湖縣簡介—人口＞
　　　　2003/6/25，引自
　　　　http://www.phhg.gov.tw/
　1996　＜澎湖縣/部門發展計畫/社會安全部門/第二節 現況分析＞
　　　　2003/7/1，引自
　　　　http://gis4.cpami.gov.tw/CPIS/cprpts/Ponghu/depart/safe/txt/2.htm
　　　　(2003/06/04)

圖版一：澎湖地區地表調查範圍植被狀況（西嶼鄉池西村）

圖版二： 澎湖縣西嶼鄉外垵村景觀

圖版三： 赤馬村縣道203線西側的旱田採集瓷片

圖版四：赤馬村縣道203線西側的旱田採集疑似玄武岩磨製石斧

圖版五：內埤C遺址尖鏟探測第一地點鑽探工作情形

圖版六：內埤C遺址尖鏟探測第一地點出土些許硬陶及瓷片

圖版七： 內垵C遺址尖鏟探測第二地點鑽探工作情形

圖版八：內垵C遺址第三地點鏟坑試掘情形

圖版九：內埤C遺址鏟坑出土之貝殼和豬的肩胛骨

圖版十：赤馬村聚落西側，5號鄉道分叉處西北側之旱田，採集疑似玄岩
磨製尖器和瓷片

圖版十一：赤馬漁港西側，在5號鄉道西側鄰近農舍的田地採集的磨製石錛

圖版十二：風缺門西嶼第五公墓東側旱田採集的明褐色繩紋陶片

圖版十三：外垵，西嶼鄉第七公墓西側一高起之平台，發現疑似打剝之玄
　　　　　武岩石片器及石廢料

圖版十四：內垵C遺址TP1東界牆斷面圖

圖版十五：內垵C遺址TP1出土之青瓷底部（外）

圖版十六：內垵C遺址TP1出土之青瓷底部（內）

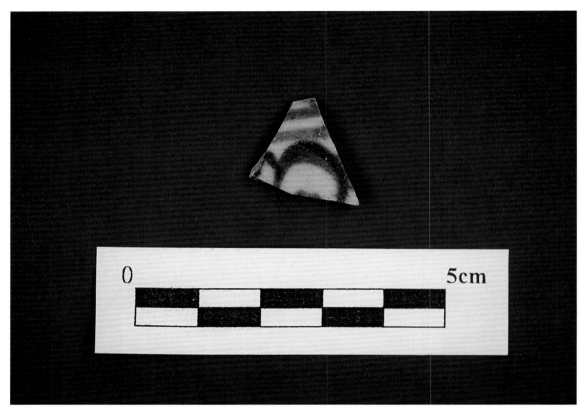

圖版十七：內埤C遺址TP1出土之青花瓷腹片（外）

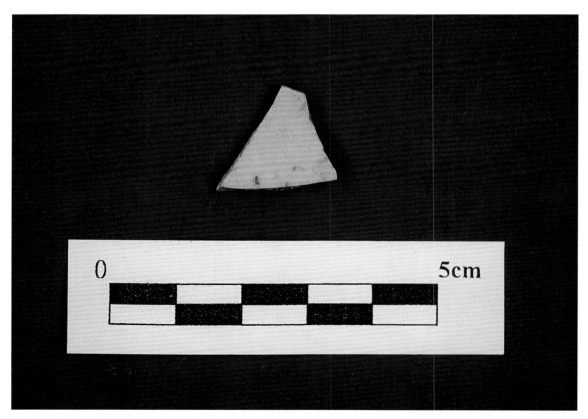

圖版十八：內埤C遺址TP1出土之青花瓷腹片（內）

圖版十九：內垵C遺址TP1出土之硬陶口緣（外）

圖版二十：內垵C遺址TP1出土之硬陶口緣（內）

圖版二十一：內垵C遺址TP1出土之硬陶罐底（外）

圖版二十二：內垵C遺址TP1出土之硬陶罐底（內）

圖版二十三：內埇C遺址TP1出土之硬陶網墜

圖版二十九：
內埇C遺址TP1出土之
獸骨

圖版二十四：內埤C遺址TP1出土之釉陶罐底（外）

圖版二十五：內埤C遺址TP1出土之釉陶罐底（內）

圖版二十六：內垵C遺址TP1出土之石器（正）

圖版二十七：內垵C遺址TP1出土之石器（反）

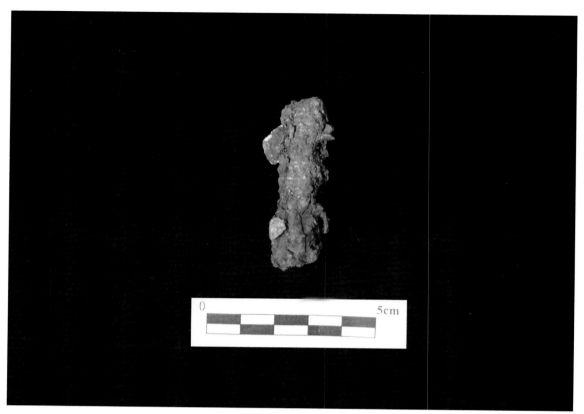

圖版二十八：內垵C遺址TP1出土之鐵器

圖版三十：內垵C遺址TP3探坑全景

圖版三十一：內垵C遺址TP3南界牆斷面

圖版四十：內垵C遺址TP3出土之陶網墜

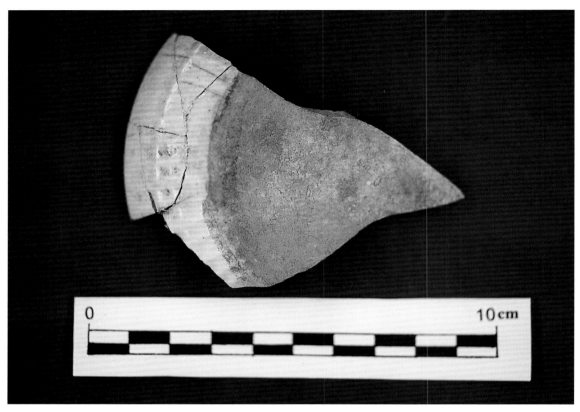

圖版三十二：內垵C遺址TP3出土之白瓷碟型器殘件（外）

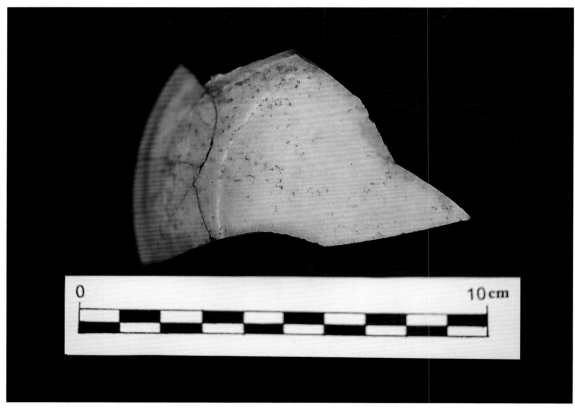

圖版三十三：內垵C遺址TP3出土之白瓷碟型器殘件（內）

圖版三十四：內垵C遺址TP3出土之黑瓷碗型器殘件（外）

圖版三十五：內垵C遺址TP3出土之黑瓷碗型器殘件（內）

圖版三十六：內埃C遺址TP3出土之青瓷碟型器殘件（外）

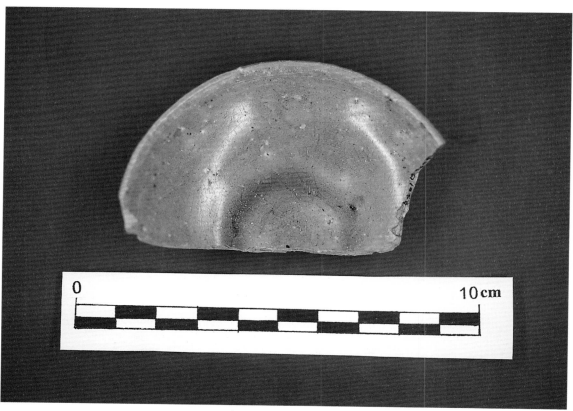

圖版三十七：內埃C遺址TP3出土之青瓷碟型器殘件（內）

圖版三十八：內垵C遺址TP3出土之硬陶罐型器口緣殘件（外）

圖版三十九：內垵C遺址TP3出土之硬陶罐型器口緣殘件（內）

圖版四十一：內垵C遺址TP4探坑東界牆斷面

圖版四十二：內垵C遺址TP4探坑南界牆斷面

圖版四十三：內垵C遺址TP4出土之青花瓷

圖版四十四：內垵C遺址TP4出土之硬陶

圖版四十五：內垵C遺址TP4出土之釉陶

圖版四十六：內垵C遺址TP4出土之褐色釉瓷

116

圖版四十七：內垵C遺址TP5東界牆斷面

圖版四十八：內垵C遺址TP5南界牆斷面

圖版四十九：內垵C遺址TP5出土之青瓷底部

圖版五十：內垵C遺址TP5出土之青瓷底部

圖版五十一：內垵C遺址TP5出土之青瓷口緣

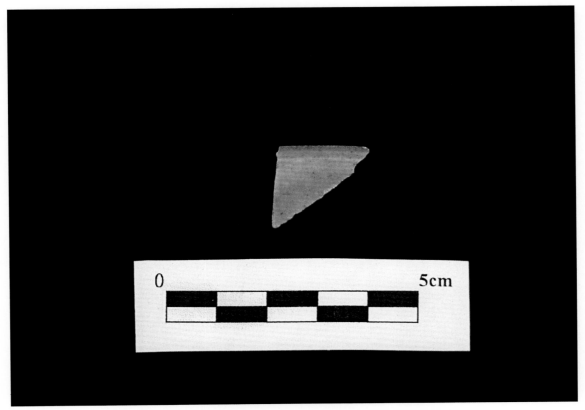

圖版五十二：內垵C遺址TP5出土之青瓷口緣

119

圖版五十三：內垵C遺址TP5出土之青花瓷底部

圖版五十四：內垵C遺址TP5出土之青花瓷口緣

圖版五十五：內垵C遺址TP5出土之硬陶蓋

圖版五十六：內垵C遺址TP5出土之釉陶腹片

圖版五十七：內埯C遺址TP5出土之史前陶片

圖版五十八：內埯C遺址TP5出土之砝碼型網墜

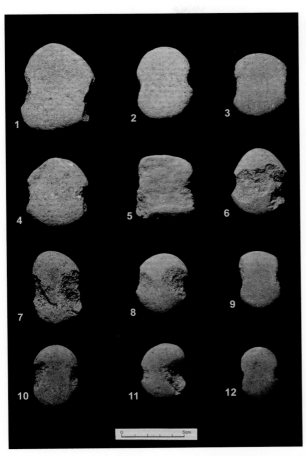

圖版五十九：
澎湖鎖港遺址出土之砝碼型網墜

圖版六十：
澎湖菓葉A遺址出土之石核器

123

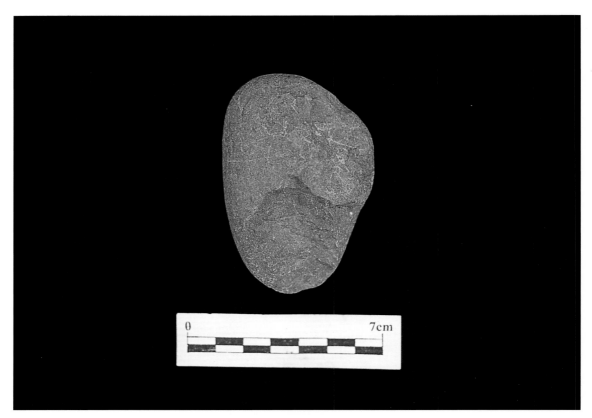

圖版六十一：內埤C遺址TP5出土之石核器

圖版六十二：內埤C遺址TP5出土之疑似砥石

圖版六十三：
內埤C遺址TP5出土之牛
科動物牙齒、動物肢骨

圖版六十四：
內埤C遺址TP5出
土之魚類脊椎骨

125

圖版六十五：內埤C遺址TP6未發掘前之地表狀況

圖版六十六：內埤C遺址TP6之西界牆斷面圖

圖版六十七：內垵C遺址TP6之南界牆斷面

圖版七十：內垵C遺址TP6自地表下30公分開始，先行挖掘探坑東北角
50cm×50cm之範圍，完全收集出土貝類作爲統計樣本

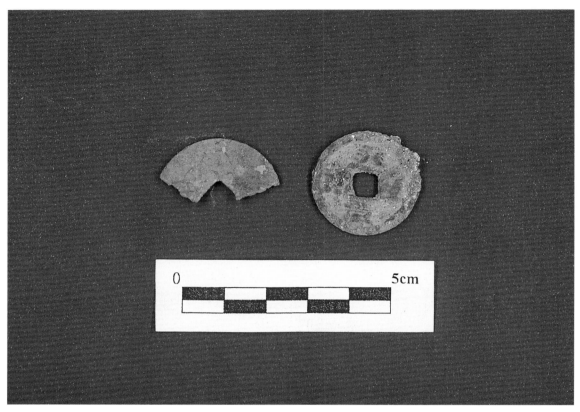

圖版六十八：內垵C遺址TP6文化層上層出土之北宋仁宗年間「天聖元寶」
（右）及「景祐元寶」（左）殘件正面

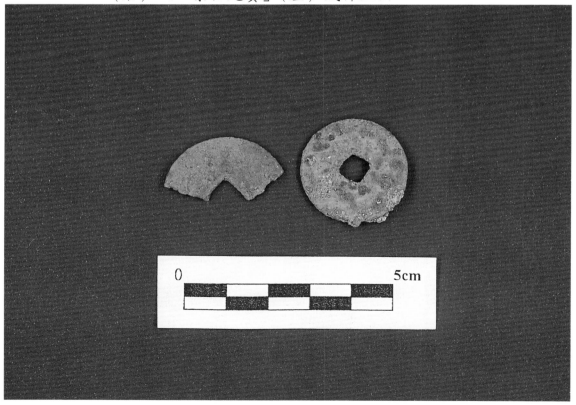

圖版六十九：內垵C遺址TP6文化層上層出土之北宋仁宗年間「天聖元寶」
（右）及「景祐元寶」（左）殘件反面

圖版七十一：內垵C遺址TP6文化層上層出土之完整橢圓形中空之紅陶網墜

(1)

(2)

圖版七十二：
內垵C遺址TP6文化層
上層出土之鐵渣(1)、
(2)

圖版七十三：內垵C遺址TP6出土之具有磨痕之砂岩砥石（正面）

圖版七十四：內垵C遺址TP6出土之具有磨痕之砂岩砥石（反面）

圖版七十五：內埃C遺址TP6文化層下層北半部出現圈圍成一半圓形之大
石塊

圖版八十二：內埃C遺址TP6出土之青瓷口緣（左一：外壁上飾蓮瓣紋飾）

圖版七十六：內垵C遺址TP6出土之白瓷杯底部（外）

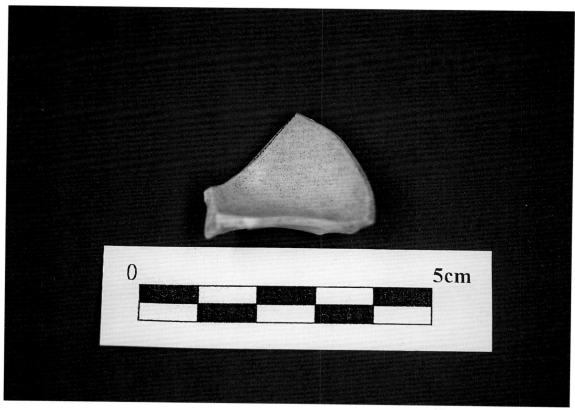

圖版七十七：內垵C遺址TP6出土之白瓷杯底部（內）

圖版七十八：內垵C遺址TP6出土之黑瓷平底及圈足殘片（外）

圖版七十九：內垵C遺址TP6出土之黑瓷平底及圈足殘片（內）

圖版八十：內垵C遺址TP6出土之青花瓷把手（外）

圖版八十一：內垵C遺址TP6出土之青花瓷把手（內）

圖版八十三：內垵C遺址TP6出土之青瓷口緣（外側未整體施以釉彩）

圖版八十四：內垵C遺址TP6出土之青瓷口緣（內側飾以同心橫紋）

圖版八十五：內埤C遺址TP6出土之青瓷口緣（外）

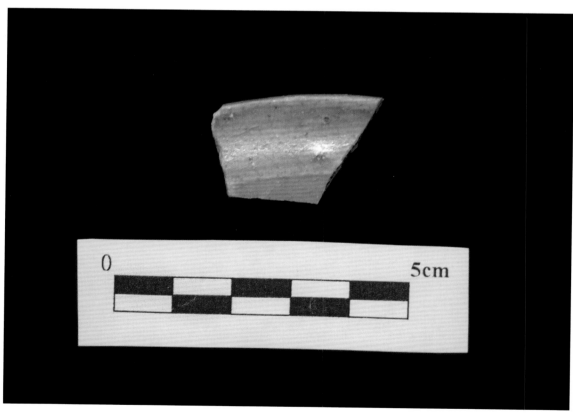

圖版八十六：內埤C遺址TP6出土之青瓷口緣（內）

圖版八十七：內垵C遺址TP6出土之青花瓷圈足（外）

圖版八十八：內垵C遺址TP6出土之青花瓷圈足（內）

137

圖版八十九：內垵C遺址TP6出土之硬陶蓋（外）

圖版九十：內垵C遺址TP6出土之硬陶蓋（內）

圖版九十一：內垵C遺址TP6出土外表平坦但內側有拉坯痕之硬陶腹片（外）

圖版九十二：內垵C遺址TP6出土外表平坦但內側有拉坯痕之硬陶腹片（內）

圖版九十四：中屯A遺址TP1出土之白瓷(1)口緣(2)、(3)腹片（外）

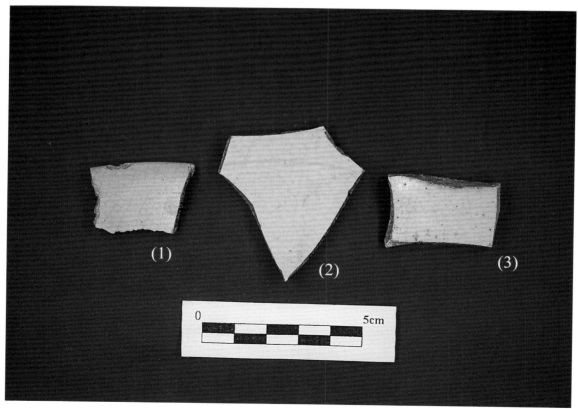

圖版九十五：中屯A遺址TP1出土之白瓷(1)口緣(2)、(3)腹片（內）

圖版九十六：中屯A遺址TP1出土之黑釉瓷（外）

圖版九十七：中屯A遺址TP1出土之黑釉瓷（內）

圖版九十八：中屯A遺址TP1出土之青瓷(1)底部(2)圈足(3)、(4)口緣
(5)-(8)腹片（外）

圖版九十九：中屯A遺址TP1出土之青瓷(1)底部(2)圈足(3)、(4)口緣
(5)-(8)腹片（內）

圖版九十三：中屯A遺址TP1東界牆斷面圖

圖版一〇〇：中屯A遺址TP1出土之青瓷腹片帶把

圖版一〇一：中屯A遺址TP1出土之硬陶罐（外）

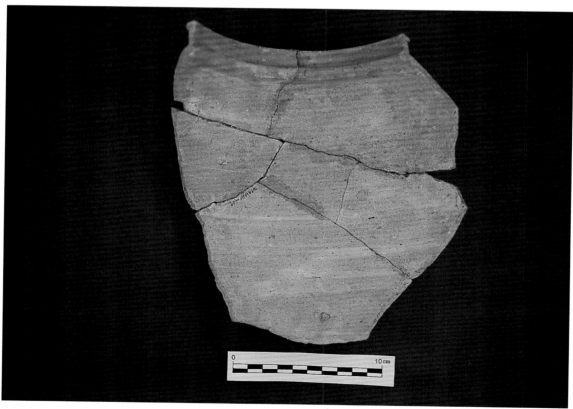

圖版一〇二：中屯A遺址TP1出土之硬陶罐（內）

圖版一〇三：
中屯A遺址TP1出土之鐵器

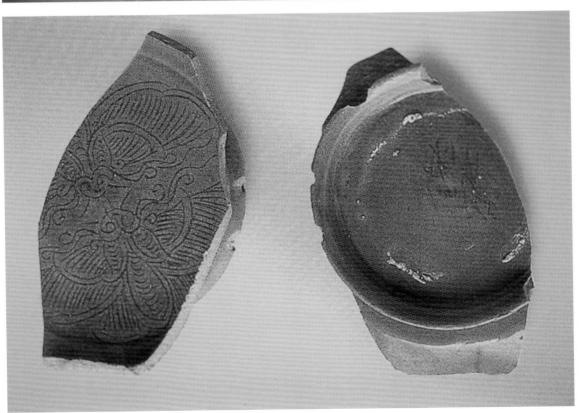

圖版一〇九：唐代越窯刻劃紋碗（長條泥點紋、浙江出土）

圖版一〇四：中屯A遺址TP1出土之史前陶（外）

圖版一〇五：中屯A遺址TP1出土之史前陶（外）

圖版一〇六：
中屯A遺址TP1出土
之唐代越窯青瓷碗殘
件（外）

圖版一〇七：
中屯A遺址TP1出土
之唐代越窯青瓷碗殘
件（內）

圖版一〇八：
中屯A遺址TP1出土
之唐代越窯青瓷碗殘
件（底部）

147

圖版一一○：唐代越窯青瓷缽（細泥點墊燒、浙江
省博物館收藏）

圖版一一一：唐代越窯碗內底（細泥點墊燒、浙江出土）

圖版一一二：
西晉越窯罐（泥點墊
燒、個人收藏）

圖版一一三：上圖底部（泥點墊燒、個人收藏）

圖版一一四：西晉越窯（泥點墊燒、浙江省博物館收藏）

圖版一一五：北宋越窯青瓷盒（長泥點燒、個人收藏）

圖版一一六：北宋花口青瓷碗（碗內、外用粗泥燒、個人收藏）

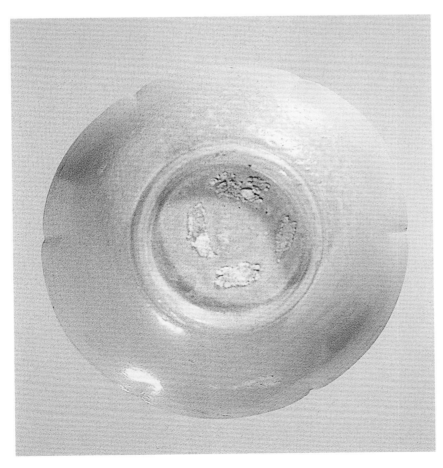

圖版一一七：
北宋花口青瓷碗
底（粗泥點燒、
個人收藏）

151

圖版一一八：北宋青瓷盒（粗泥點燒、個人收藏）

圖版一一九：明代青花瓷碗（碗內外不施釉塑燒、個人收藏）

圖版一二〇：明—清代青花瓷碗（碗內外不施釉塑燒、個人收藏）

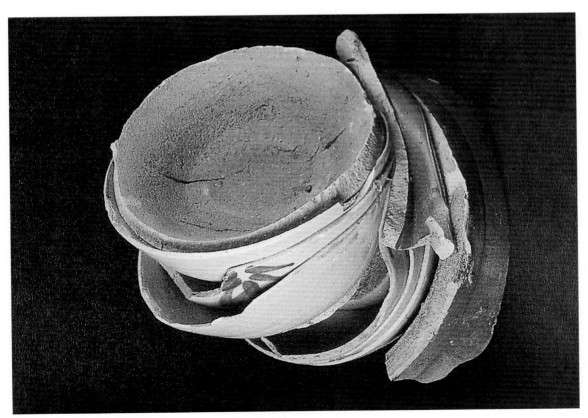

圖版一二一：民國初青花瓷疊燒(台灣南投出土)

圖版一二二：
唐三彩罐（施釉不
到底、國立歷史博
物館收藏）

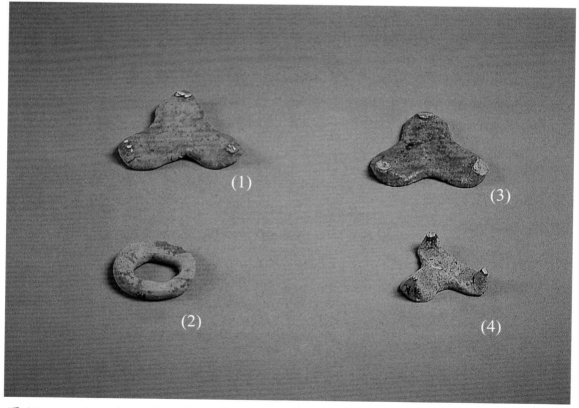

(1)

(3)

(2)

(4)

圖版一二三：唐一宋代各種燒具（1、2、4三叉，3泥餅）

圖版一二四：內垵C遺址及中屯A遺址出土之貝類（由左至右排列第1～10號）

圖版一二五：內垵C遺址及中屯A遺址出土之貝類（由左至右排列第11～20號）

圖版一二六：內垵C遺址及中屯A遺址出土之貝類（由左至右排列第21～30號）

圖版一二七：內垵C遺址及中屯A遺址出土之貝類（由左至右排列第31～40號）

圖版一二八：內垵C遺址及中屯A遺址出土之貝類（由左至右排列第41～45號）

附　録

附錄一：

澎湖縣內垵村及中屯村螺貝類
化石之碳、氧同位素分析報告

姜宏偉、何瑋剛*

　　本研究之考古遺址在澎湖縣內垵村（遺址名為內垵C遺址，以下簡稱為NA-C）及中屯村（遺址名為中屯A遺址，以下簡稱為CuT-A）。其中在NA-C有三個試掘探坑（TP1、TP3、TP6），計7種，20個標本（見附表）；CuT-A則只有一個試掘探坑（TP1），計5種，16個螺貝類標本。

一、簡介

　　貝類或螺類在生長時，會利用海水中的碳、氧元素來形成其碳酸鈣殼體，由於此過程，使得其殼體會記錄貝類及螺類生長水體中的碳、氧同位素值，而此碳、氧同位素值便反應了當時的古環境條件。雖然此二種同位素可拿來作為古氣候推測的指標，然不論是碳同位素或氧同位素，其受控因子皆非常複雜，因此如欲推測環境參數的實際數值，則需輔以其他相關之研究；但如果只欲了解其變化趨勢，則氧同位素不啻為一個相當良好，而且可以快速獲得古溫度的指標。

　　本研究必須建立在一些基本假設上：研究期間內的海水面並未有大幅度的升降以及洋流系統並未有非常大的改變。在這兩個基本假設之下，氧同位素的變化主要是受控於溫度的改變、雨量的變化以及蒸發量的變化，然而造成後兩者的變化均會受控於溫度的改變，此乃由於當溫度上升時，赤道地區的蒸發量會增加，降雨也會相對的增多，因此總合來說，在溫度高的時候，氧同位素的數值是相對偏輕的，反之，當溫度較低的時候，氧同位素值則偏重。

二、取樣方法

*國立台灣大學地質所博士班學生

本研究總計分析36個螺類及雙殼貝類標本，標本由發掘地帶回後，先經過稀鹽酸及次氯酸的處理，以去除表面的雜質及有機物，然後待烘乾完再進行取樣工作。其中CuT-A的2個標本（TP1-L5-9、TP1-L7-9 [1]），使用dental driller沿著其生長方向，間隔以適當的距離分別取11及12個樣本，以進一步探討此螺類生長週期及周圍水體間之關係；至於剩餘的34個標本則利用全標本進行分析，方法為以瑪瑙研缽將其殼體搗碎，此種取樣方法是為探討生長在同一環境之不同種屬螺、雙殼貝類，是否與環境水體皆達成同位素平衡，以及長期以來澎湖地區的水體變化，最後將收集到之粉末裝入標本瓶中保存。

三、結果與討論

1. 中屯A遺址連續取樣螺類標本之探討(CuT-A TP1-L5-9、TP1-L7-9)

　　由於雙殼貝類及螺類的生長速度，較無機碳酸鈣沈澱的速率為快，因此生長效應可能會對殼體中的碳氧同位素分異造成影響，而非反應了水體的變化，但我們若分別將兩者之氧同位素值對碳同位素值做圖(Fig.1、Fig.2)，會發現兩者之間並無明顯關係，說明了此二殼體所紀錄到之氧同位素的變化，並非由生長效應所造成，而應該是反映了週遭環境的變化。

　　兩者隨著時間的變化如Fig.3、Fig.4所示，其中橫軸的數字是代表從殼體邊緣開始往前鑽取的樣本編號，換句話說，數字愈小便愈接近邊緣，也愈年輕；相反的，數字愈大則代表愈老。根據前述之原理，在溫度高的時候（夏季），氧同位素的數值是相對偏輕的，反之，當溫度低的時候（冬季），氧同位素值則較重。在分別觀察此兩條曲線後，我們可以發現兩者大致皆從秋冬之際開始紀錄水體的性質，並且經過一年半左右的時間後，約終止在第三年的晚夏至初秋之時，此即代表著二者被捕食的時間，當然，這是在螺類會不斷長大的假設下，所得到的結論。另外，由於兩者屬於同一螺種且大小差異不大，因此生長時間及對於水體變化周期的紀錄理論上應該十分近似，但是如果仔細觀察兩者之間的變化(Fig.5)，可以發現TP1-L7-9的氧同位素值相對來說顯得較輕，兩者之間存在一個微小的差

1.本文的編號寫法為：坑號-層位-貝類種屬代號，如TP1-L5-9或TP1-L7-9。貝類種屬代號則請參見主文的表三十。

距（約0.2‰），若是分析的標本數更多，我們便可利用以估計此種螺類個體間的差異(diversity)，然而，現在僅有二個樣品的情形下則很難加以判定。此外，在第五個取樣點的地方，TP1-L7-9有一異常負的值出現，不過亦由於分析樣本的數量過少，使得我們無法確定這是地區性的環境發生變化，或只是此單一殼體的特例。不過，以上的問題並不會影響我們對於此二螺體被捕食時間的推測，僅可能會改變對此種螺類可紀錄之時間週期的認定。

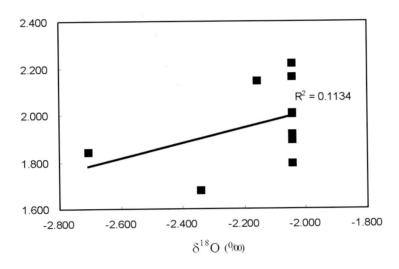

Fig.1 CuT-A TP1-L7-9

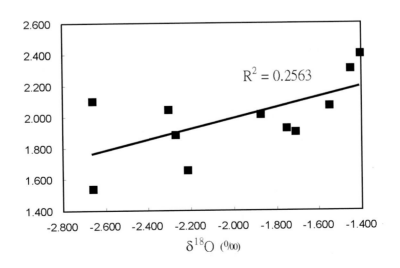

Fig.2 CuT-A TP1-L5-9

161

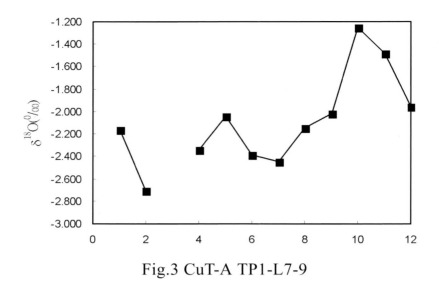

Fig.3 CuT-A TP1-L7-9

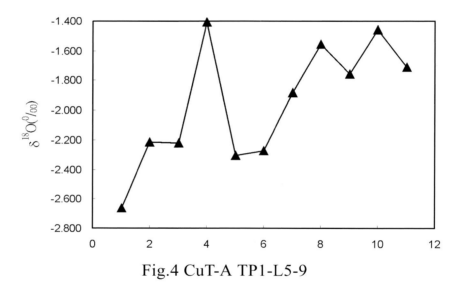

Fig.4 CuT-A TP1-L5-9

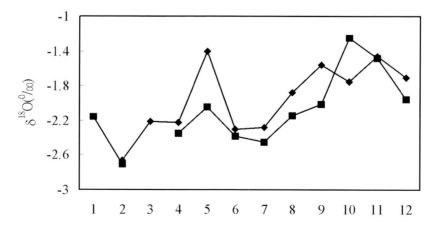

Fig.5 CuT-A TP1-L7-9、TP1-L5-9

162

以上三個圖之橫軸的數字是代表從殼體邊緣開始往前鑽取的樣本編號，換句話說，數字愈小便愈接近邊緣，也愈年輕；相反的，數字愈大則愈老；縱軸則為氧同位素值(%)。

2.內垵C遺址所有標本之探討

將NA-C的所有標本的碳、氧同位素值進行對比（Fig.6），我們可以很明顯的看出其碳、氧同位素之間並沒有任何的相關性（R2=0.0541），此結果顯示這些不同層的貝類或螺類其死後並未與鄰近的土壤或水進行同位素交換的作用，意即這些標本的氧同位素值的變化可以拿來反應當時的氣候。

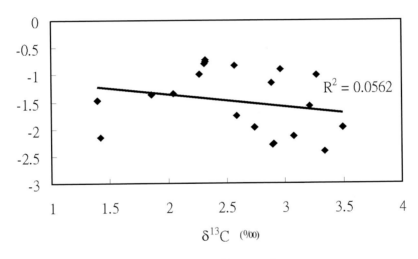

Fig.6 NA-C samples

（1）不同採樣點-同種間的氧同位素比較

表一是我們將同一個區域（NA-C）的三個不同採樣點的共同種類挑出來，以期能夠進行不同層之間的對比，來瞭解不同層的物種是否有相同的溫度變化狀況。首先比較TP3的16號標本，兩次的分析結果顯示了相近的結果，表示在實驗數據上並沒有太大的誤差，使得我們的推論得以繼續進行。由於不同種屬之間對於氧同位素的反應行為會有所差異，所以我們不太能進行不同種屬間氧同位素的對比。在前面的說明下，如果我們要進行同一個採集點，但不同層位且不同種標本間的氧同位素對比是沒有任何意義的。因此，我們僅選出TP1、TP3以及TP6都有的4號、16號和17號三

種標本，配合上其採集點的深度（假設地層是水平且沈積層序相同，而這假設是可行的，因為其採集地點相當接近，地層也不老，本應不致於遭受到地殼作用的影響）。

以4號標本而言，其分佈深度依序為TP6-L3（31-40cm）、TP1-L3（23-33cm）和TP3-L2（11-21cm），而4號的氧同位素分別各為-16.589、-16.695以及-16.837，顯示此地區由老至新的溫度變化為由冷變熱的趨勢（Fig.7），但是由16號標本來看，溫度變化的趨勢為由熱變冷（Fig.8），我們推測造成此差異的可能原因為：由於本分析中大部分殼體之取樣方法為全標本法，得到的氧同位素值代表其整個生長區間中的平均效應，又不同種屬螺類之殼體所紀錄到的水體變化週期會互不相同，因此造成我們在進行全標本分析時，各種屬間變化不一的情形。

TP1	^{13}C	^{18}O	TP3	^{13}C	^{18}O	TP6	^{13}C	^{18}O
L3-4	3.273	-1.010	L2-4	2.886	-1.152	L3-4	2.967	-0.904
L3-16	2.048	-1.342	L2-16	2.310	-0.805	L3-16	1.861	-1.371
			L2-16	2.321	-0.719			
L6-17	2.268	-0.997	L2-17	2.323	-0.770	L5-17	2.568	-0.840

表一 NA-C不同採樣點-同種間的碳、氧同位素值比較

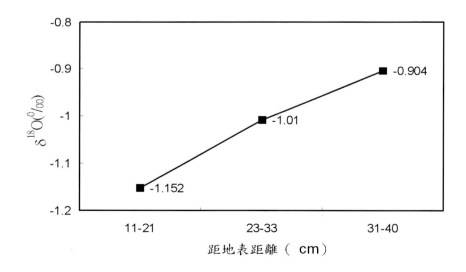

Fig.7 NA-C的三件四號標本

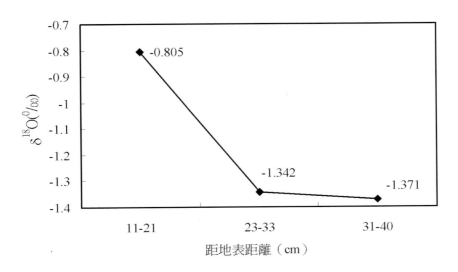

Fig.8 NA-C 的三件16號標本

（2）同層間不同種的行為

　　我們通常會將從同一文化層中出土的貝類化石賦予一個假設：生活在相近的區域且年代相差不多。因此，同一層裡出現的不同物種，如果殼體與環境水體皆達到了同位素平衡，那麼各標本之殼體應該會紀錄到相近的氧同位素值，那我們也就可以利用從某一文化層中出土的任一標本，來推測該層中所有標本當初生存時的水體性質，於是就算我們無法從單一探坑不同深度採集到同一種標本，卻也可經由比對不同標本在不同層間的氧同位素變化，來判斷出長期以來此地的溫度變化，亦能歸納出可忠誠反應環境條件及變化的族群，以利日後進行同位素分析之種屬的選取，不過，前述推論得視在同一深度所有標本的氧同位素值是否皆相當接近，因此，我們挑選標本數量最多的TP3-L2，將所有分析出來的數據加以整理後（Fig.9），卻僅能觀察出似乎可區分成幾個族群：4、16和17號標本有相似的數值，6與13以及24與28號標本有相近的數值，但由於標本數量尚少，使得歸納與統計的工作無法進行，亦無法推測哪一族群可能較接近當時真實的海水性質。

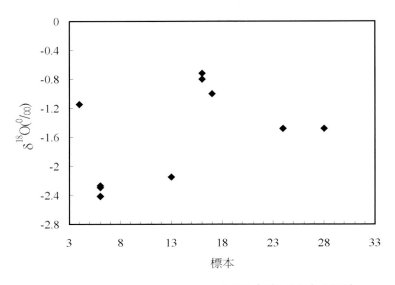

Fig.9 NA-C TP3-L2中所有物種之統計

四、結論

1. 經由對單一殼體進行之連續性取樣工作顯示，中屯A遺址的編號為9之螺殼標本約在秋冬之際開始紀錄週遭水體變化，在經過一年半左右的時間後，被捕食於第三年之夏至秋初，然而以上的推論並無法指示此螺類整體存活時間，僅可反映其生命過程中的某一段時間。

2. 由本分析中選取的兩個連續取樣之標本可知，其紀錄時間為一年半至兩年，十分相似於國外對貝類所進行的研究，由此更可證明貝類及螺類殼體中，僅反映其部分生命過程，但若祇是利用氧同位素分析來進行死亡時間之判定，連續性取樣之結果應能提供考古學家一個可相信的參考依據。

3. 由於不同種屬螺類之殼體所紀錄到的水體變化週期會互不相同，因此會造成我們在進行全標本分析時，發生各種屬間變化不一的情形，為避免此現象之出現方法有二：(1)日後選取較大的殼體進行連續性取樣分析；(2)將分析樣本之數量大幅提高，以期可系統性的歸納出一個可供參考的結論。

五、討論與建議

未來在進行相關研究工作時需注意幾點，最好選擇現在仍存有之種

屬為目標，同時將現生之貝類及螺類亦列入該分析的樣本之中，以釐清此類殼體與環境參數之間的關係，並可經由現生標本的分析，歸納出適宜做氧同位素分析的種屬，方便日後對於標本之選擇，及應用至化石殼體的可信度。在不同地層間採集標本時，最好能採集相同的種類，這是為了要能夠有效地進行對比的工作，因為不同種屬之間，其生長過程會對氧同位素的變化有不同的反應，造成如本分析中NA-C標本群的結果。而無法進行對比，因此如果能夠在各層間都採集到相同之標本，便可大大提升分析結果的應用性與參考性；如果無法達到，則需要增加同一種類標本的分析數量，以達到平均的意義。

附錄二：

澎湖地區內垵B遺址、中屯A
遺址的史前陶切片分析報告

陳文山*

　　CUTA[1]與NABSCP[2]編號的標本所含砂粒的組成有石英、長石、火成岩碎屑、砂岩碎屑與方解石（石灰岩）。[3]長石在一般的沉積物中經常可見，因此無法以其來辨識來源，火成岩碎屑（玄武岩）與石灰岩一般在台灣的沉積物或岩石中較不常見，所以可以作為辨識來源的依據。石英是最為常見的沉積物，但是以其含量的多寡也是可以探討其來源。以下先就由澎湖地區的岩石來探討其沉積物的組成。澎湖地區主要由中新世火山噴發的玄武岩所構成，所以澎湖群島90%以上的面積是由玄武岩。另外，於晚更新世至今，沿海地區形成許多的珊瑚礁，因而沿海形成許多由石灰岩構成的珊瑚礁。從以上澎湖群島地表組成的岩石來看，就可以知道地表或海岸的沉積物應以玄武岩以及石灰岩的碎屑為主。

　　澎湖島除了出露大量的玄武岩與部分的珊瑚礁石灰岩之外，還有一種在其他地區非常常見，但於澎湖島較為少見的岩石，此種岩石就是砂岩與頁岩。澎湖島的玄武岩中夾有兩層砂岩與頁岩，砂岩中的砂粒以石英為主。

　　CUTA編號的標本的產狀是含有許多的粗粒砂，淘選度差，可能表示採樣時沒有經過人為的篩選。陶片中砂粒的組成主要含石英砂粒，石英砂的含量大於96%，其餘含極少量的長石與火成岩的碎屑（玄武岩），含火成岩碎屑的標本有CUTA10160P003與CUTA10150P039兩個標本。從CUTA編號的標本來看，可能製陶的材料是採自澎湖島的砂岩與頁岩。因此含有大量砂岩中的石英砂，而CUTA10160P003與CUTA10150P039兩個標本在採樣過程中混有少量的玄武岩與石灰岩的砂粒。

---

*國立台灣大學地質系教授
1.CUTA：中屯A遺址出土的標本編號。
2.NABSCP：內垵B遺址採集陶片編號。
3.請參見岩象分析結果。

NABSCP001與NABSCP002亦以石英砂為主，但含有部分的玄武岩與石灰岩的砂粒。因此其材料亦是採自玄武岩層中的頁岩，但混有少量的玄武岩與石灰岩的砂粒。NABSCP003與NABSCP004含有大量的石英與砂岩岩屑的砂粒，但不含有玄武岩與石灰岩的砂粒。其中砂岩岩屑砂粒的顆粒非常粗，可能是在頁岩處理的過程（搗細）夾有大量砂岩的岩屑顆粒。

　　從上述的陶片成分來看，顯示製陶的原料是採自澎湖島玄武岩層中的沉積岩層；並非採自澎湖沿海潮間帶或河溝中的泥質沉積物。假如任意採自地表的沉積物時，陶片中砂粒組成必以玄武岩與石灰岩的砂粒為主。

岩象分析結果

樣品編號	CUTA 10160P003
取樣位置	
取樣深度	
取樣日期	
岩石目視名稱	
地層單位	

一.岩象觀察

組織	含粗砂粒
裂理	
換質	
淘選度	差
膠結物	

二.礦物成份分析

主要礦物	含量百分比	顆粒形狀	顆粒尺寸	樣品編號
石英	97		0.5-0.05mm	
玄武岩岩屑	1		0.2-0.1mm	
方解石	2		0.2-0.1mm	
長石	0			
砂岩岩屑	0			

三.岩象分類

粒度：岩石種類		成份：岩石種類	
泥岩		泥岩（頁岩）	
粉砂岩		雜砂岩	
砂岩		次雜砂岩	
粉砂質泥岩		正長石砂岩	
砂質泥岩		長石砂岩	
泥質泥岩		石英質砂岩	
粉砂質砂岩		長石質雜砂岩	
泥質粉砂岩			

Close Nico

CUTA 10160P003

0   0.2mm

Open Nico

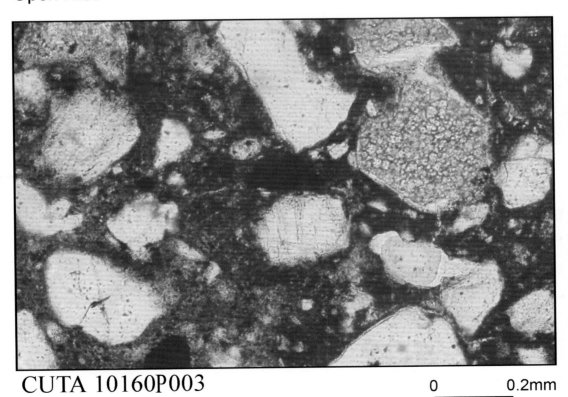

CUTA 10160P003

0   0.2mm

岩象分析結果

樣品編號	CUTA 10160P005
取樣位置	
取樣深度	
取樣日期	
岩石目視名稱	
地層單位	

一.岩象觀察

組織	含細砂粒
裂理	
換質	
淘選度	良好
膠結物	

二.礦物成份分析

主要礦物	含量百分比	顆粒形狀	顆粒尺寸	樣品編號
石英	100		0.05-0.01mm	
玄武岩岩屑	0			
方解石	0			
長石	0			
砂岩岩屑	0			

三.岩象分類

粒度:岩石種類		成份:岩石種類	
泥岩		泥岩（頁岩）	
粉砂岩		雜砂岩	
砂岩		次雜砂岩	
粉砂質泥岩		正長石砂岩	
砂質泥岩		長石砂岩	
泥質泥岩		石英質砂岩	
粉砂質砂岩		長石質雜砂岩	
泥質粉砂岩			

Close Nico

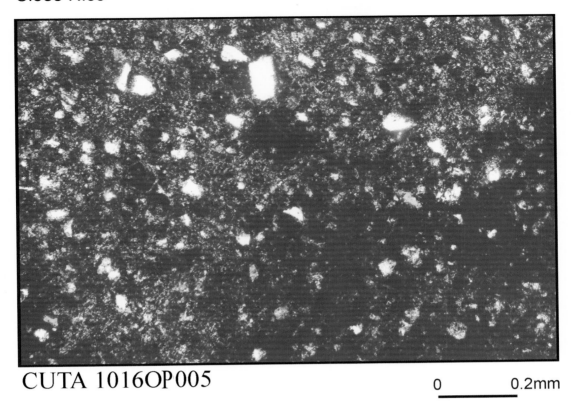

CUTA 1016OP005   0   0.2mm

Open Nico

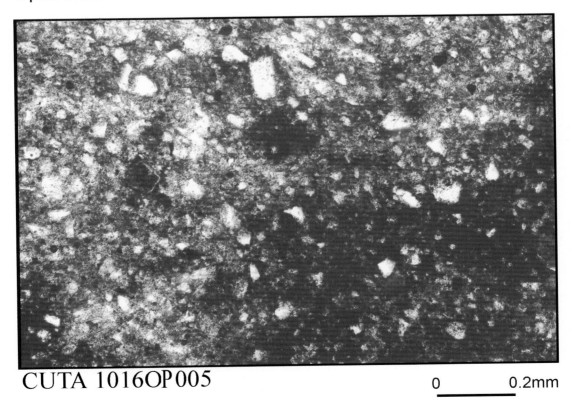

CUTA 1016OP005   0   0.2mm

岩象分析結果

樣品編號	CUTA 10160P007
取樣位置	
取樣深度	
取樣日期	
岩石目視名稱	
地層單位	

一.岩象觀察

組織	含粗砂粒
裂理	
換質	
淘選度	差
膠結物	

二.礦物成份分析

主要礦物	含量百分比	顆粒形狀	顆粒尺寸	樣品編號
石英	97		0.6-0.01mm	
玄武岩岩屑	0			
方解石	0		0.1mm	
長石	3			
砂岩岩屑	0			

三.岩象分類

粒度：岩石種類		成份：岩石種類	
泥岩		泥岩（頁岩）	
粉砂岩		雜砂岩	
砂岩		次雜砂岩	
粉砂質泥岩		正長石砂岩	
砂質泥岩		長石砂岩	
泥質泥岩		石英質砂岩	
粉砂質砂岩		長石質雜砂岩	
泥質粉砂岩			

Close Nico

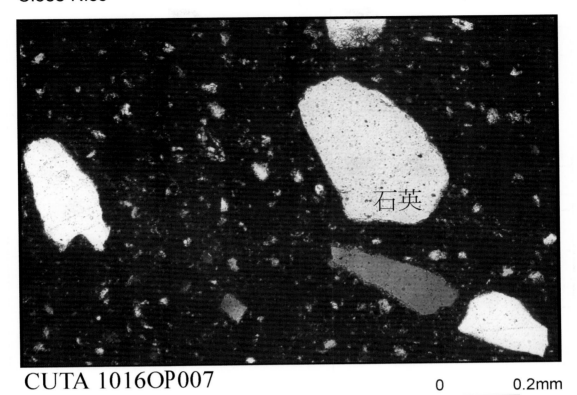

石英

CUTA 1016OP007

0 ___ 0.2mm

Open Nico

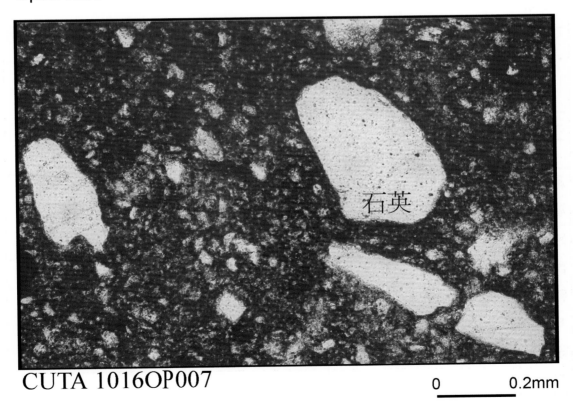

石英

CUTA 1016OP007

0 ___ 0.2mm

岩象分析結果

樣品編號	CUTA 10160P027
取樣位置	
取樣深度	
取樣日期	
岩石目視名稱	
地層單位	

一.岩象觀察

組織	含粗砂粒
裂理	
換質	
淘選度	差
膠結物	

二.礦物成份分析

主要礦物	含量百分比	顆粒形狀	顆粒尺寸	樣品編號
石英	98		0.5-0.05mm	
玄武岩岩屑	0			
方解石	0			
長石	2		0.1mm	
砂岩岩屑	0			

三.岩象分類

粒度：岩石種類		成份：岩石種類	
泥岩		泥岩（頁岩）	
粉砂岩		雜砂岩	
砂岩		次雜砂岩	
粉砂質泥岩		正長石砂岩	
砂質泥岩		長石砂岩	
泥質泥岩		石英質砂岩	
粉砂質砂岩		長石質雜砂岩	
泥質粉砂岩			

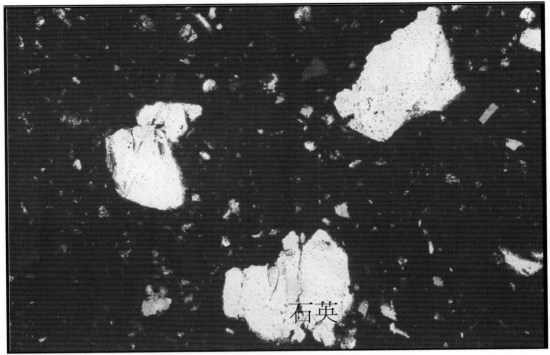

CUTA 1016OP027

0 _____ 0.2mm

Open Nico

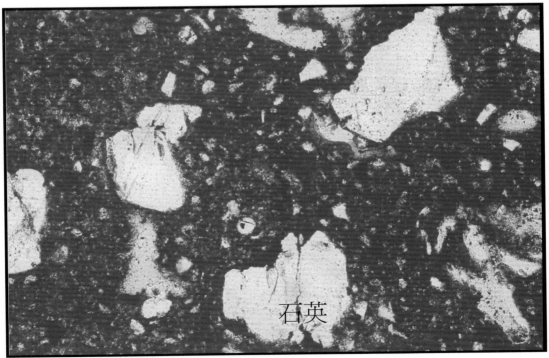

CUTA 1016OP027

0 _____ 0.2mm

岩象分析結果

樣品編號	CUTA 10160P029
取樣位置	
取樣深度	
取樣日期	
岩石目視名稱	
地層單位	

一.岩象觀察

組織	含粗砂粒
裂理	
換質	
淘選度	差
膠結物	

二.礦物成份分析

主要礦物	含量百分比	顆粒形狀	顆粒尺寸	樣品編號
石英	98		1-0.1mm	
玄武岩岩屑	0			
方解石	0			
長石	2		0.1mm	
砂岩岩屑	0			

三.岩象分類

粒度：岩石種類		成份：岩石種類	
泥岩		泥岩（頁岩）	
粉砂岩		雜砂岩	
砂岩		次雜砂岩	
粉砂質泥岩		正長石砂岩	
砂質泥岩		長石砂岩	
泥質泥岩		石英質砂岩	
粉砂質砂岩		長石質雜砂岩	
泥質粉砂岩			

Close Nico

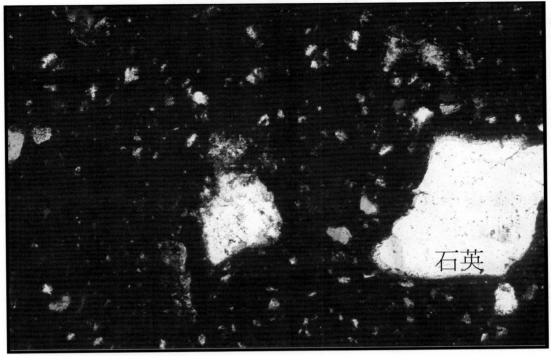

CUTA 1016OP029

0   0.2mm

Open Nico

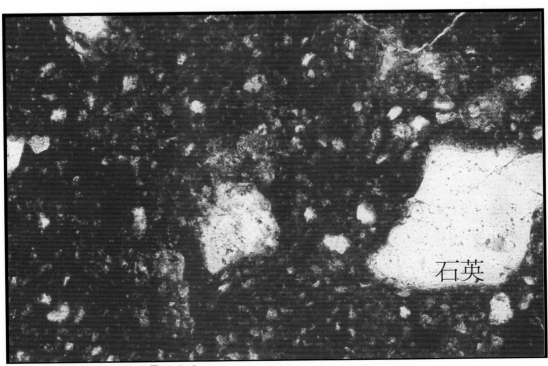

CUTA 1016OP029

0   0.2mm

岩象分析結果

樣品編號	CUTA 10150P039
取樣位置	
取樣深度	
取樣日期	
岩石目視名稱	
地層單位	

一.岩象觀察

組織	含粗砂粒
裂理	
換質	
淘選度	差
膠結物	

二.礦物成份分析

主要礦物	含量百分比	顆粒形狀	顆粒尺寸	樣品編號
石英	96		1-0.05mm	
玄武岩岩屑	2		0.2mm	
方解石	0			
長石	2		0.1mm	
砂岩岩屑	0			

三.岩象分類

粒度：岩石種類		成份：岩石種類	
泥岩		泥岩（頁岩）	
粉砂岩		雜砂岩	
砂岩		次雜砂岩	
粉砂質泥岩		正長石砂岩	
砂質泥岩		長石砂岩	
泥質泥岩		石英質砂岩	
粉砂質砂岩		長石質雜砂岩	
泥質粉砂岩			

Close Nico

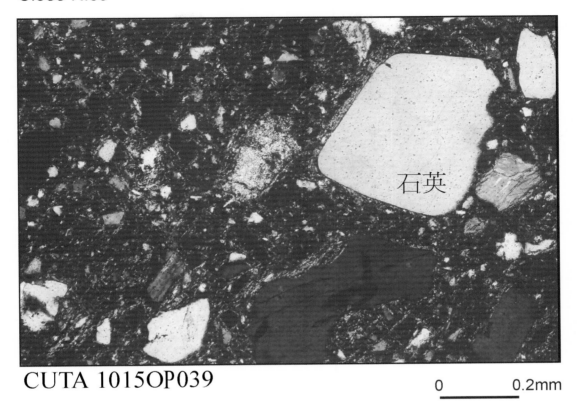

CUTA 1015OP039

0 0.2mm

Open Nico

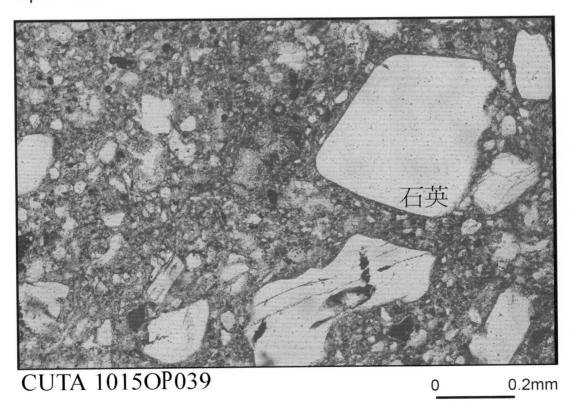

CUTA 1015OP039

0 0.2mm

岩象分析結果

樣品編號	CUTA 10150P048
取樣位置	
取樣深度	
取樣日期	
岩石目視名稱	
地層單位	

一. 岩象觀察

組織	含粗砂粒
裂理	
換質	
淘選度	差
膠結物	

二. 礦物成份分析

主要礦物	含量百分比	顆粒形狀	顆粒尺寸	樣品編號
石英	98		1-0.1mm	
玄武岩岩屑	0			
方解石	0			
長石	2		0.2mm	
砂岩岩屑	0			

三. 岩象分類

粒度：岩石種類		成份：岩石種類	
泥岩		泥岩（頁岩）	
粉砂岩		雜砂岩	
砂岩		次雜砂岩	
粉砂質泥岩		正長石砂岩	
砂質泥岩		長石砂岩	
泥質泥岩		石英質砂岩	
粉砂質砂岩		長石質雜砂岩	
泥質粉砂岩			

Close Nico

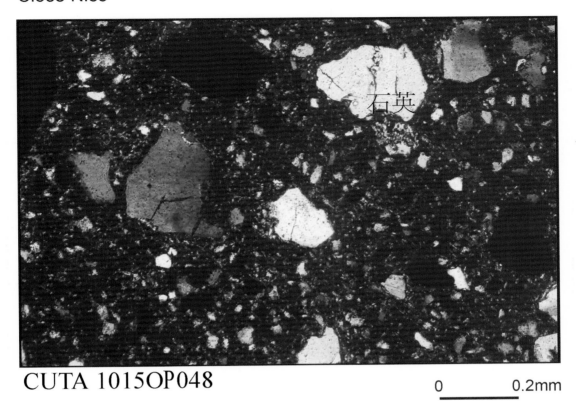

CUTA 1015OP048

0   0.2mm

Open Nico

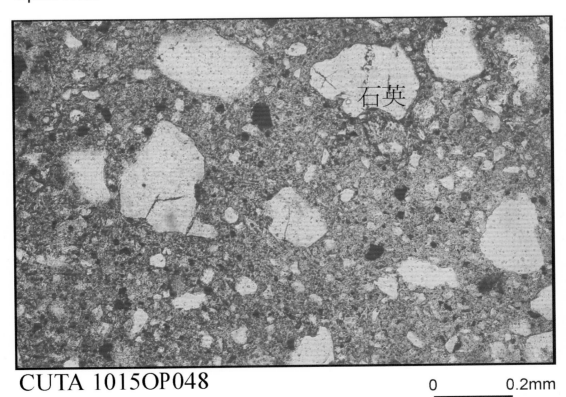

CUTA 1015OP048

0   0.2mm

岩象分析結果

樣品編號	NABSCP 001
取樣位置	
取樣深度	
取樣日期	
岩石目視名稱	
地層單位	

一.岩象觀察

組織	含粗砂粒
裂理	
換質	
淘選度	差
膠結物	

二.礦物成份分析

主要礦物	含量百分比	顆粒形狀	顆粒尺寸	樣品編號
石英	97		0.5-0.01mm	
玄武岩岩屑	6		0.2mm	
方解石	10		0.2-0.1mm	
長石	0			
砂岩岩屑	0			

三.岩象分類

粒度：岩石種類		成份：岩石種類	
泥岩		泥岩（頁岩）	
粉砂岩		雜砂岩	
砂岩		次雜砂岩	
粉砂質泥岩		正長石砂岩	
砂質泥岩		長石砂岩	
泥質泥岩		石英質砂岩	
粉砂質砂岩		長石質雜砂岩	
泥質粉砂岩			

Close Nico

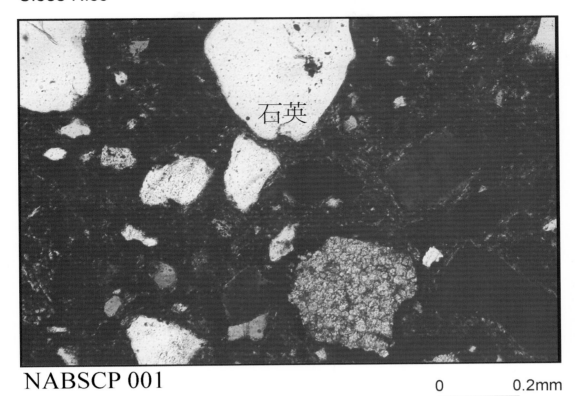

石英

NABSCP 001

0   0.2mm

Open Nico

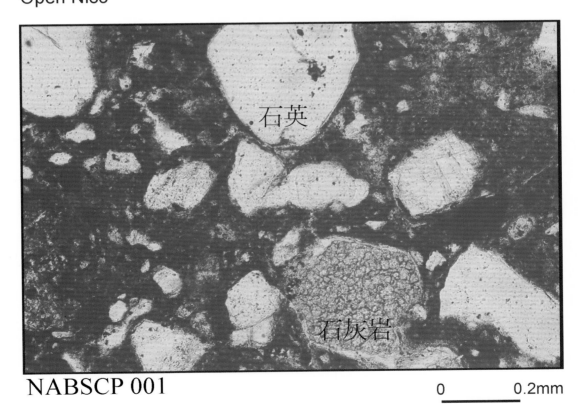

石英

石灰岩

NABSCP 001

0   0.2mm

岩象分析結果

樣品編號	NABSCP 002
取樣位置	
取樣深度	
取樣日期	
岩石目視名稱	
地層單位	

一.岩象觀察

組織	含粗砂粒
裂理	
換質	
淘選度	普通
膠結物	

二.礦物成份分析

主要礦物	含量百分比	顆粒形狀	顆粒尺寸	樣品編號
石英	83		0.5-0.2mm	
玄武岩岩屑	8		0.4-0.2mm	
方解石	9		0.4-0.2mm	
長石				
砂岩岩屑				

三.岩象分類

粒度：岩石種類		成份：岩石種類	
泥岩		泥岩（頁岩）	
粉砂岩		雜砂岩	
砂岩		次雜砂岩	
粉砂質泥岩		正長石砂岩	
砂質泥岩		長石砂岩	
泥質泥岩		石英質砂岩	
粉砂質砂岩		長石質雜砂岩	
泥質粉砂岩			

Close Nico

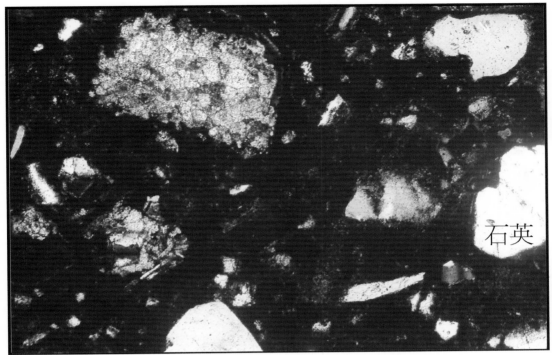

石英

NABSCP 002

0   0.2mm

Open Nico

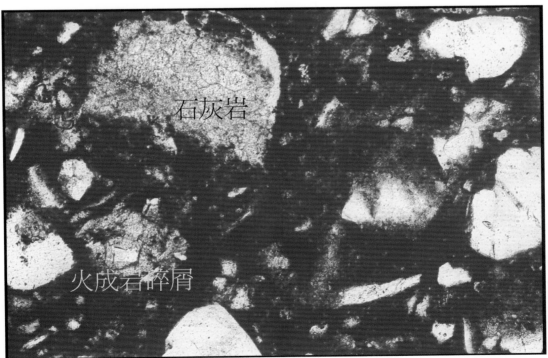

石灰岩

火成岩碎屑

NABSCP 002

0   0.2mm

岩象分析結果

樣品編號	NABSCP 003
取樣位置	
取樣深度	
取樣日期	
岩石目視名稱	
地層單位	

一.岩象觀察

組織	含粗砂粒
裂理	
換質	
淘選度	差
膠結物	

二.礦物成份分析

主要礦物	含量百分比	顆粒形狀	顆粒尺寸	樣品編號
石英	35		0.2-0.1mm	
玄武岩岩屑	0			
方解石	3		0.2-0.1mm	
長石	0			
砂岩岩屑	62		1-0.4mm	

三.岩象分類

粒度：岩石種類		成份：岩石種類	
泥岩		泥岩（頁岩）	
粉砂岩		雜砂岩	
砂岩		次雜砂岩	
粉砂質泥岩		正長石砂岩	
砂質泥岩		長石砂岩	
泥質泥岩		石英質砂岩	
粉砂質砂岩		長石質雜砂岩	
泥質粉砂岩			

Close Nico

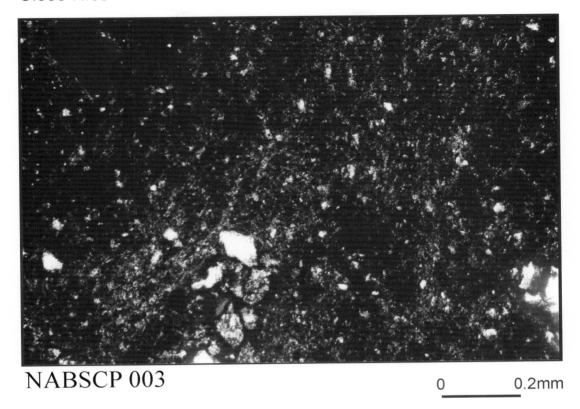

NABSCP 003

0   0.2mm

Open Nico

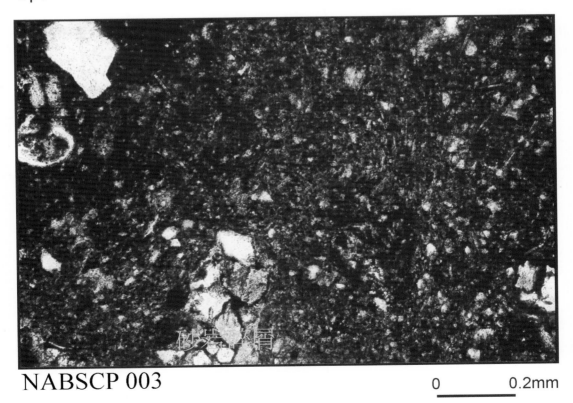

NABSCP 003

0   0.2mm

岩象分析結果

樣品編號	NABSCP 004
取樣位置	
取樣深度	
取樣日期	
岩石目視名稱	
地層單位	

一.岩象觀察

組織	含粗砂粒
裂理	
換質	
淘選度	差
膠結物	

二.礦物成份分析

主要礦物	含量百分比	顆粒形狀	顆粒尺寸	樣品編號
石英	42		0.2-0.1mm	
玄武岩岩屑	0			
方解石	0			
長石	0			
砂岩岩屑	58		1-0.4mm	

三.岩象分類

粒度：岩石種類		成份：岩石種類	
泥岩		泥岩（頁岩）	
粉砂岩		雜砂岩	
砂岩		次雜砂岩	
粉砂質泥岩		正長石砂岩	
砂質泥岩		長石砂岩	
泥質泥岩		石英質砂岩	
粉砂質砂岩		長石質雜砂岩	
泥質粉砂岩			

Close Nico

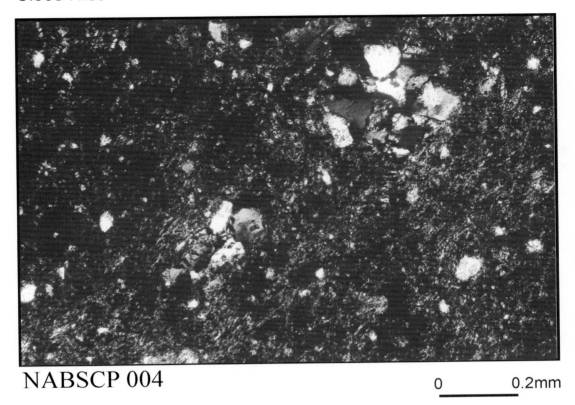

NABSCP 004   0 ⎯⎯⎯ 0.2mm

Open Nico

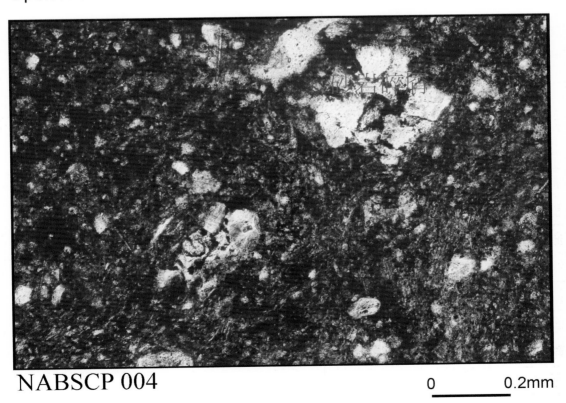

NABSCP 004   0 ⎯⎯⎯ 0.2mm

國家圖書館出版品預行編目資料

澎湖內垵中屯歷史考古研究成果報告 / 國立歷
　史博物館編輯委員會編輯. -- 一版. -- 臺北
市 ： 史博館, 民92
　　面 ； 公分
　　ISBN 957-01-4503-x（平裝）

1. 古物志 - 澎湖縣　2. 遺址 - 澎湖縣

797.32/141　　　　　　　　　　　　　92012304

澎湖 內垵/中屯 歷史考古研究成果報告

A Report of Historical Archaeology Research Findings in Neian and Chungtun, Penghu

發 行 人　黃光男
出 版 者　國立歷史博物館
　　　　　地 址：台北市南海路四十九號
　　　　　電 話：02-23610270
　　　　　傳 真：02-23610171
　　　　　網 址：http://www.nmh.gov.tw
編 　 輯　國立歷史博物館編輯委員會
顧 　 問　陳瑪玲、陳維鈞
計畫主持人　黃光男
召 集 人　李明珠
執 行 秘 書　江桂珍
執 行 編 輯　江桂珍、李娜莉
撰 　 述　江桂珍、成耆仁、李娜莉、吳國淳、翟振孝、羅煥光、蘇啟明（依姓氏筆畫排序）
攝 　 影　江桂珍、成耆仁、李娜莉、吳國淳、許家榕、翟振孝、羅煥光
　　　　　蘇啟明（依姓氏筆畫排序）
美 術 設 計　郭長江、楊式昭
總 　 務　曾曾旒
會 　 計　胡健華
印 　 刷　飛燕印刷有限公司
出 版 日 期　中華民國九十二年八月
定 　 價　新台幣400元整
展 售 處　國立歷史博物館文化服務處
　　　　　地址：台北市南海路49號
　　　　　電話：02-23610270
GPN：1009202231
ISBN：957-01-4503-x（平裝）